Retours à Conques

DU MÊME AUTEUR

Chronique du bel été, Picollec, 1982. Prix Louis Guilloux 1983.

Le Grand Chemin de Compostelle, Payot, « Voyageurs », 1995 ; rééd. « Petite Bibliothèque Payot/Voyageurs », 1998. Prix du Livre d'aventures 1995.

Louis Guilloux. Les maisons d'encre, Christian Pirot, 1997.

Passants de Compostelle, Payot, « Voyageurs », 1999 ; rééd. « Petite Bibliothèque Payot/Voyageurs », 2001.

Une Bretagne intérieure, Flammarion, 1998 ; rééd. « Petite Bibliothèque Payot/Voyageurs », 2001.

Saetas, sur des photographies de Jean Hervoche, Éditions Dana/Éditions Théo, 2000.

Pèlerin sans Église, Desclée de Brouwer, 2001.

Escapades avec Don Quichotte, Payot, 2003.

Jean-Claude Bourlès

Retours à Conques

Sur le chemin de Compostelle

Petite Bibliothèque Payot/Voyageurs

Cette terre panique où je marchais, on a cru que je prétendais y trouver l'explication de tout. J'y cherchais un simple départ.

Jean GIONO,
Les Vraies Richesses.

Dernières lignes du carnet de route. Lundi 26 juin.

Nouvelle halte, la dernière sans doute, en bordure d'une châtaigneraie. Dans une heure, passé le hameau de Fontromieu, nous descendrons vers Conques. D'ores et déjà, quoi que nous fassions, inventerions-nous je ne sais quels détours pour retarder l'entrée dans le chemin des vignes, le franchissement de la porte de la Vinzelle, le voyage est terminé. Cela se mesure sans peine aux pas soudain trop lourds, comme à l'intensité du silence qui depuis ce matin s'est glissé entre nous.

Protégé des vents d'Aubrac par un lot de grosses bosses usées, abusivement prises pour montagnes, le village était là en effet et nous y revenions, une fois de plus comme si souvent depuis ce matin d'été 1968 où nous fûmes, à notre insu, victimes d'un éblouissement qui depuis demeure. Revenus comme malandrins sur le lieu du forfait et qui plus est à pied pour mieux se pénétrer du rôle, la mémoire criblée d'escarmouches perdues d'avance et le cœur enivré d'on ne sait quels désirs, nous rentrions fourbus en nos terres électives, tels des enfants fugueurs, discrètement, par les jardins.

Au début, ce ne fut qu'un mot, un nom, deux syllabes dans une phrase, assez pour retenir l'attention, insuffisant pour que l'intérêt s'aiguise. Pour qu'il en soit autrement, il fallait que l'on y revienne, que l'on nomme de nouveau avec juste ce qu'il faut de mystère pour le geste et, dans la voix, ce léger temps d'arrêt riche en suppositions. Toutes choses auxquelles vous vous entendiez fort bien, Mathurin Nicolas, dans votre presbytère morbihannais où nous nous retrouvions de temps à autre, le soir de préférence, pour nous évader sans malice d'un monde que nous jugions boiteux. Inévitablement, cela nous conduisait à cet ordre roman où nous faisions de longues pauses, vous par conviction qu'une part importante de la foi la plus authentique s'y trouvait plus qu'ailleurs visible, moi pour le seul plaisir de vous écouter. C'est ainsi que Conques s'imposa dans ma vie ; presque par effraction, à la manière de ces importuns qui finissent toujours par pousser grand la porte que nous pensions juste entrouverte.

À l'instant où je m'apprête à écrire, trier, apporter un semblant d'ordre aux souvenirs qui nous lient à ce village, c'est à vous que je pense, Mathurin Nicolas, et votre voix m'escorte. C'est là ! L'index pointé sur une carte routière désignait l'Aveyron ou plus précisément cette partie du Haut-Rouergue où le Lot et le Cantal n'en finissent pas de revendiquer des droits.

C'est là ! À demi effacés par les plis de la carte, quelques bourgades et lieux-dits se partageaient le vide bistre et vert des zones accidentées. Une rivière, des gorges, une départementale et, sur les hauteurs, passé quatre cents mètres, quelques petits causses. Sans jamais avoir rien vu de ce pays, nous le savions austère.

Deux mois plus tard nous y étions. Il faisait beau et chaud. Un matin de juillet où l'on se croit permis de tutoyer la grâce en disant de ces choses supposées capitales mais qui ne sont que sottes. Matin de chats étirés sur les seuils, de chapeaux de paille tressée comme il en est au Sud et de robes légères. Fragments fugaces de bonheur indicible et de larmes aux yeux, la vie allait son train et nous étions à Conques !

... Vaste dépression minérale, moitié cirque, moitié théâtre, taillée dans le schiste et le granit eux-mêmes ravinés, creusés par la longue violence des eaux, d'où que l'on vienne, le site est grandiose avec, comme souvent lorsque la nature demeure indifférente aux hommes, cette sorte de sérénité qui marque si durablement le voyageur attentif. Tour à tour avenant et revêche, selon les heures et la saison, l'endroit n'offrirait sans doute que peu d'alternative à la sauvagerie originelle s'il n'y avait, accrochées à mi-pente d'un coteau à vignes, des maisons de grès rose veillant, comme autant de forteresses jalouses, sur l'énorme masse d'une église romane...

Courte halte précipitée aujourd'hui imprécise, confuse, peut-être un peu ternie par les années, voilée comme des photos anciennes, pelote embrouillée, chaos, combien de fausses portes, d'images tronquées, falsifiées se sont depuis ce jour imposées comme premier souvenir ? Le site ? Le village ? L'abbatiale, son tympan ? Le pavé rouge des rues en pente ? Les ruines du cloître et pourquoi pas les gorges de l'Ouche ou cette tarte aux pruneaux, seul menu disponible en creux d'après-midi, servie dans une auberge vide où Mérimée dut faire craquer ses bottes ? Mémoire plus encombrée que le tombeau d'un pharaon, quel lambeau de vérité peut encore paraître plausible dans ce fatras de petits riens que je m'obstine à considérer d'importance sous prétexte qu'ils cadastrent ma vie comme des poteaux de champs.

Et puis qu'importe si les reliques annoncées ne sont pas aussi authentiques que je les eusse souhaitées pourvu qu'elles me confortent dans ma foi de conteur de balivernes. D'ailleurs, pour être franc, ce ne sont pas des images, si belles soient-elles, ni des sons, ni je ne sais quel frémissement de l'âme qui s'imposent en première donne, mais une puissante odeur de décomposition végétale. Un de ces parfums lourds vingt fois retrouvé, toujours avec le même étonnement voluptueux de s'étourdir à bon compte. Sans doute avait-il plu la veille, juste ce qu'il faut pour qu'au matin la montagne se libère de ses trop-pleins de vie. La fleur de châtaignier y dominait sans peine la bruyère et le bois mort. C'est ainsi que l'histoire s'ordonne derrière le contretemps d'une averse et que c'est de celle-ci, et de ses conséquences, que je peux me targuer comme premiers souvenirs.

Plus tard, sur la route qui nous menait vers les Cévennes, nous avions dit vingt fois les mêmes choses, ressassé tel ou tel aspect du village, réarpenté les rues, traversé l'ombre de l'abbatiale, abolissant le temps à coups de mots et de silences. Beaucoup de mots. Encore plus de silences. Jusqu'à ce que la confusion s'installe pour amoindrir ou magnifier les faits, leur donner une empreinte, les travestir juste ce qu'il faut comme c'est la règle pour chacune de nos rencontres... Rencontre ! Même si le terme est austère, je l'accepte et revendique, d'autant plus que la violence sous-jacente qu'il contient et l'attente qu'il suppose me conviennent mieux que n'importe quel autre mot dès l'instant où je veux expliquer, justifier ce vague à l'âme qui suit immanquablement toute évocation, tout retour au village. C'est ainsi qu'entre mots et silences, sur cette route cévenole parcourue à regret, nous avions tissé les filets de la nasse. Encore quelques semaines, des mois, la grisaille d'un hiver breton, et nous en serions captifs comme l'oiseleur peut l'être du piège ou de l'attente qui l'accompagne.

Des mois s'écoulèrent. Le recteur Nicolas quitta sa paroisse pour Paris où nous le retrouvions à Saint-Jean-de-Montmartre, à moins que ce ne soit dans le petit logement qu'il occupait rue des Martyrs. C'est là, dans cette unique et sombre pièce encombrée de livres et de tableaux, que s'entretint quelque temps le grand rêve roman et que nous évoquâmes, pour la première fois, ce chemin de Saint-Jacques-de-Compostelle qui, roulant des monts de Lozère, faisait étape à Conques.

Vingt ans plus tard, c'est ce même chemin que je viens de parcourir, accompagné de ma femme, après je ne sais combien de projets naufragés par défaut de conviction. Une dizaine de jours de marche pour un peu plus de deux cent trente kilomètres ; à peine le temps d'apprendre et de retenir.

Tous deux sommes de l'avant-guerre. Cela n'est pas négligeable dans notre approche du quotidien et des gens rencontrés. Car, qu'on le veuille ou non, on est de son âge comme on est d'un pays, et si le feulement d'un avion supersonique ouvre nos désirs à l'échelle du monde, il ne peut nous faire oublier pour autant le bruit des roues cerclées de fer sur le pavé des villes, le goût de l'eau tirée d'un puits, la part du pauvre à la table des fermes. Dès lors, pour étonnée qu'elle soit, notre vision des choses souffrira forcément de la réalité crue, pesante, à peine définitive et déjà si fragile, où se conçoit l'époque.

De longs séjours en courtes haltes, combien de fois sommes-nous revenus ici en vingt ans ? Quinze ? Vingt ? Qu'importe, puisque, quel qu'en soit le nombre, je sais que cela ne modifiera en rien ce trouble si prompt à nous saisir, aujourd'hui comme hier, à l'instant de franchir les frontières invisibles que sont le Dourdou à Saint-Cyprien ou certains villages de plateau, semblables à Fontromieu que nous traverserons dans moins d'une heure. Viendront ensuite les bois de Saint-Marcel, la route en lacet serré, les sombres versants aquarellés de mauve de la faille où se tient Conques. Combien de fois déjà ? Et combien d'autres encore ?

I
Montbonnet

Notre bonheur
est d'un si grand format
que le jour tient toute la page.

Gilles BAUDRY,
Il a neigé tant de silence.

Carnet de route. Dimanche 17 juin... « Sommes partis du Puy vers onze heures par forte chaleur. Montée très rude jusqu'à Jalasset où nous faisons une première halte. Cette fois les dés sont lancés. Tant mieux. »

Le Puy, capitale du Velay. Vingt-six mille habitants. Six cent vingt-cinq mètres d'altitude. Célèbre pour son pèlerinage à la Vierge noire. Basilique Notre-Dame. Églises Saint-Michel d'Aiguilhe et Saint-Laurent. Chapelle des Pénitents. L'une de ces villes dont on parle peu, ou mal, que l'on situe approximativement pour y être passé à la hâte et dont on a oublié — pour peu qu'on l'ait su — qu'elle est, depuis près de mille ans, avec Paris, Vézelay et Arles, l'un des itinéraires du pèlerinage de Saint-Jacques-de-Compostelle. Au Moyen Âge c'est du parvis de Notre-Dame que l'on s'en allait vers la lointaine Galice. L'aventure commençait donc à la première des cent deux marches qui relient la haute ville aux ruelles, rues et places dont celle du Plot d'où partent aujourd'hui encore jacobites et marcheurs du sentier de grande randonnée soixante-cinq.

La place du Plot est un endroit modeste comme on les aime en province avec du mouvement, des rires, et la certitude d'être entre soi pour quelque temps encore. Sur « le Plot », comme on dit ici, se trouve un petit marché aux fleurs. Deux ou trois étals chargés de seaux en zinc flambant sous les brassées de roses et de glaïeuls. Sur une ardoise, tracé à la craie, ce rappel : « Aujourd'hui fête des Pères. » C'est aussi la fête-Dieu. Au milieu de la place une fontaine laisse tomber son eau dans un bassin de pierre sombre, tandis que les gens vont et viennent comme partout ailleurs quand c'est dimanche et qu'il fait beau. Une fontaine. Une place. La première fut érigée au XIIIe siècle, la seconde existait déjà. Tout autour, impassibles et hautaines, semblant protéger l'une et l'autre de leurs façades sans agrément, des maisons respirent, fenêtres ouvertes sur la vie qui passe.

C'est d'ici que nous sommes partis, empruntant la rue Saint-Jacques, celle des Capucins et — comment faire autrement — la rue de Compostelle. Celle-ci, la plus longue et la plus pentue des trois, se perd sur les hauteurs dans le désordre broussailleux d'un banal chemin vicinal qui, de relais en relais, n'aura de fin qu'en ce lointain Finisterre galicien où l'Océan commence près du tombeau d'un saint.

Premiers pas du premier kilomètre. Celui-ci sait se montrer rude, surtout vers la fin, juste avant que ne s'ouvre le plateau du Velay. En contrebas la ville somnole doucement. Rochers Saint-Michel et Corneille, orgues de basalte de la Croix de Paille, flancs sombres du bassin où s'accrochent, murs blancs, tuiles trop neuves, les quartiers les plus récents.

Rires, appels, musique, dans les jardins criblés de parasols on dresse la table des dimanches.

On dit que les fondations de Notre-Dame du Puy reposent sur un temple romain. On dit aussi que la Vierge noire qui rendit la cité si célèbre lui fut offerte par Saint Louis au retour de la septième croisade. Mais se souvient-on encore du père François Régis qui, en faisant connaître au monde entier la dentelle du Velay, en assura la durable richesse ? Étrange impression de solitude comme souvent dans les premières heures d'une marche, mais ici bien sûr l'espace ajoute au trouble. Même sensation déjà — bien que dans la ville — lorsque nous avons quitté notre ami Zézé Cannes, l'avons vu s'éloigner, tourner le coin de la place…

Présence du feu enfoui ; dans une exploitation de gros sable scoriacé la terre nous révèle ses entrailles de sang caillé. Tout ici, jusqu'à l'odeur légèrement soufrée, témoigne de l'ancienne fureur tellurique. Le pas cherche son souffle. Nous marchons dans des siècles de cendres.

Quinze kilomètres jusqu'à Montbonnet. Pas de quoi se faire une idée très précise ni sur le pays ni sur les difficultés probables qui s'y cachent. Simple prise de contact avec nous-mêmes, quelques heures d'apprentissage de l'incommensurable liberté qui nous attend demain, ou plus tard, dès que nous nous serons affranchis du poids de nos propres servitudes. Dans mon carnet j'ai noté que quatorze jours de marche nous séparaient de Conques.

Vieux désir ballotté entre l'euphorie du moment et le scepticisme latent, propos velléitaires que la pluie d'hiver se chargeait d'émousser, combien de fois avons-nous songé au départ ? Combien de fois sommes-nous partis en intention ? Surtout lorsque nous nous trouvions sur les chemins de crête entre Noailhac et Decazeville où les signes rouges et blancs du sentier de randonnée abondent ! Combien de fois les avons-nous suivies ces balises enjôleuses, déjà grisés par un sentiment d'aventure dont nous connaissions par avance les limites ? Et combien de fois, revenant sur nos pas, nous sommes-nous interrogés sur les destinations possibles de leur fuite ? Passé ce hameau, cette châtaigneraie, au versant de la colline, où va ce chemin ? Quels paysages ? Quelles eaux ? Quelles montagnes ? Et quels gens rencontrés ?

La réponse appartenait à d'autres que nous croisions le soir dans les faubourgs du village. Ceux-là savaient pour avoir dénoué l'écheveau, suivi les signes jour après jour. Réserve ou prudence, je ne me souviens pas d'en avoir questionné un seul sur ces pays où, peut-être, nous n'irions jamais. Et puis soudain, dans les derniers jours de cet hiver, ce besoin pressant de partir, prendre la trace, s'y couler, marcher dans la poussière des centaines de millions de pas qui suivirent ceux de Godescalc, évêque du Puy qui ouvrit la voie en 951. Pourquoi cette hâte, et pourquoi ce chemin plus qu'un autre ?

Inattention ou cafouillage, au bas du village de Jalès les balises s'estompent. Doutes sur l'orientation à prendre. Un chemin s'ouvre à main droite jusqu'à une cour de ferme. Je l'emprunte, appelle. Surgis d'une grange, deux bergers allemands se précipitent crocs menaçants, poils dressés, yeux fous. L'attaque est si violente que je me crois perdu. La peur qui m'immobilise me sauve. Le bâton les arrête, tient à distance. Quelle distance ? Ridicule. Ne pas crier. Ne pas bouger (le voudrais-je que je ne le pourrais), lutter contre la panique. À peine ai-je amorcé un premier pas à reculons que deux autres chiens, identiques aux premiers, jaillissent de je ne sais où.

Aboiements et menaces redoublent. La peur de nouveau et de nouveau cette incapacité à me mouvoir. Se défaire d'un animal, le premier qui attaquera, semble possible, mais les autres ? D'autant que l'un d'eux tente à plusieurs reprises de me déborder sur le côté. Seul le dernier — sans doute une chienne — se contente d'aboyer du haut d'un muret dont il ne descendra jamais. Doucement, geste presque décomposé, centimètre par centimètre, j'amorce mon repli. Le vacarme est alors épouvantable. Regards vers la ferme où un rideau retombe. Sur le chemin ma femme avance lentement pour me permettre d'accélérer ma fuite, de rompre ce carcan. C'est alors que le plus fougueux, celui qui tente de me déborder, saisit à plusieurs reprises mon bâton. Frapper ? La bête est magnifique, noire et beige tirant vers le feu sous la gorge et le ventre. Il court, saute, hurle, bave de rage, tente de mordre le morceau de bois qu'il redoute et veut soumettre. À présent je recule à grands pas. Dix, vingt mètres, les autres renoncent, retournent à la grange. Celui du muret continue d'aboyer, sans plus. Reste celui-ci dont j'avoue avoir alors souhaité l'erreur, le porte-à-faux, la faille imparable dans laquelle je m'engouffrerai avec toute la violence dont je suis à présent chargé. L'arrivée de ma femme le contraint à battre en retraite, à reculons, lui aussi, yeux fixés sur le gourdin, crocs luisants.

Sans doute ne suis-je pas le premier à tomber dans ce traquenard. Ceux à qui j'en parlerai, un peu plus tard, se contenteront d'échanger des regards entre eux, de hausser les épaules. Manifestement le fait est connu. Sans doute ne se risque-t-on pas beaucoup dans les parages. Mais ceux qui y sont obligés ?

Des chiens, nous en verrons des dizaines tout au long de notre périple. Chiens de bergers, de fermes, gardiens de troupeaux, de maisons, emprisonnés dans les chenils, vagabonds, dormant dans la niche. Chiens fuyants, chiens léchants, chiens couchants, méfiants, soumis. De toutes sortes et de tous poils, seuls ou accompagnés, jamais nous n'aurons à craindre d'eux. Sauf ce dimanche soir où l'orage, probablement, avait son mot à dire.

À Augeac le chemin passe devant une maison de « Béate », la première de l'itinéraire, la mieux conservée aussi. Nous nous y arrêtons. Considérées à tort comme un ordre religieux, les Béates relevaient en fait d'une institution laïque fondée à la fin du XVIIe siècle. Tour à tour institutrices, gardes-malades, aides-ménagères, catéchumènes, elles assistaient également les mourants, veillaient les morts. En fait ces femmes, aujourd'hui bien ignorées des manuels, consacraient leur vie à la communauté villageoise dont elles étaient issues. Prises en charge par la collectivité, subsistant de peu mais dévouées au-delà de tout, elles s'apparentaient dans le dénuement et l'amour du prochain à ces servantes des pauvres devenues par l'audacieuse volonté de Vincent de Paul Filles de la Charité. Aujourd'hui, et pour quelque temps encore, on se souvient des Béates dont le renom ne dépassa guère le Velay, chez les plus anciens surtout, ceux qui ce dimanche soir jouent aux boules sur la place du village. Ils se souviennent car ce sont elles qui leur ont appris à lire et à prier, qui les ont nourris de panade et de contes de fées, rassurés quand la mère était absente, en les prenant dans leurs petites maisons, unique pièce de terre battue, comme celle-ci. Tout cela n'est pas si lointain, et l'on se souvient encore du son de la cloche de toit les soirs de veille ou de brouillard. Tombée en désuétude après la Seconde Guerre mondiale, l'institution des Béates n'est plus qu'un souvenir. À Saugues on nous signalera la présence de l'une de ces femmes à l'hospice. La dernière sans doute. Peut-être aurions-nous dû lui rendre visite.

Grosse poignée de constructions massives, faites pour durer par-delà les modes, les guerres et les familles elles-mêmes. De bien belles maisons en vérité, souvent bâties au siècle dernier — les dates au-dessus des portes l'attestent — quand l'arrivée du chemin de fer en Auvergne apporta à celle-ci les engrais qui manquaient à sa terre, et que l'Europe découvrit en retour la qualité de ses produits. L'opulence relative qui s'ensuivit ne pouvait, décemment, se réfugier que dans la pierre où elle témoigne encore, même, et peut-être surtout, lorsque celle-ci périclite au milieu de la ronce. Belles et rudes propriétés, fermes, granges, parfois maisons de maître, pour lesquelles les hommes ont taillé le grès roux des falaises, sorti le chêne de la forêt, brûlé les tuiles… Tout ce qui pour nous ressemble soudain au répit : Montbonnet.

« Ici, quand l'orage se laisse aller, ça craque ! » Pour dire cela il s'est appuyé au mur, près de la fenêtre. La cinquantaine tout au plus, casquette en coin, chemise à carreaux ouverte sur un torse noueux. Certainement quelqu'un d'obstiné, cela se devine au regard hautain de celui-qui-sait, aux mots assassins qu'il porte sur les autres, ceux qui n'ont de cesse de tuer ce pays, les bons à rien, les jean-foutre de Bruxelles et d'ailleurs, les bureaucrates si vous préférez, ceux qui touchent et laissent faire… Devant nous l'ancienne cour d'école avec de l'herbe partout, un préau et des cabinets d'aisance alignés contre le mur. Il y a aussi un tas de fumier, plus loin, et des poules qui picorent autour et dedans en grattant ferme. Et puis, bien sûr, le bâtiment d'école transformé, pour cause de fin d'utilité, en gîte communal d'étape. Moins de cinquante personnes vivent encore dans ce gros bourg qui en comptait plusieurs centaines il n'y a pas si longtemps. La plupart d'entre elles sont âgées et les premiers commerces sont à cinq kilomètres.

« Oui, ici quand ça craque… et là ! » Coup de tête pour désigner le ciel qui en quelques instants est passé du bleu lavé au noir épais.

« Et là, m'est avis… »

La pluie ne surprend personne, ni lui qui l'attendait ni nous qui l'espérions, pas même la basse-cour bruyamment réfugiée sous le préau.

Les minuscules pétales blancs flottent à présent sur le trou d'eau comme une grêle très improbable. L'orage, bref et violent, a défleuri l'aubépine qui rouillait contre le mur. Mugissements, appels, chevaux qui passent sur le chemin, voici l'heure où les hirondelles renoncent. Le soir s'avance vers le village précédé d'odeurs vives et de bancs de brume. Forts effluves de sureau, c'est un peu comme si mon enfance venait s'asseoir près de moi, sur le rebord de fenêtre où je tentais de lire.

Dans la haie de notre jardin qui contenait quelques arbres surprenants se trouvaient deux sureaux rouges venus là on ne sait comment. Deux arbres magnifiques dans lesquels, malgré les risques cent fois rappelés, nous aimions, mes copains et moi, grimper et attendre. Attendre quoi ? Rien ! Attendre tout simplement comme en d'autres lieux le lieutenant Drogo attendit les Tartares. Nous passions ainsi des heures dressés dans les branches, calés dans les fourches de l'arbre, des heures où rien jamais n'advint sinon la réprimande d'adultes peu sensibles aux chimères. Il est vrai que le bois du sureau est fragile et que ses branches en apparence robustes cassent parfois comme du verre. C'est d'ailleurs un peu pour cela que nous les aimions tant car peu d'arbres se laissaient aussi facilement travailler en pétoires, ou sarbacanes, engins que nous estimions d'autant plus redoutables qu'ils étaient moins visibles que nos arcs encombrants.

Mais l'attachement le plus profond que je garde pour ces grands sureaux est lié à ma quête des cétoines, petits coléoptères aux teintes métalliques allant de l'or cuivré au bronze verdâtre, insectes à l'époque très répandus, et dont j'aimais, grimpé dans mes arbres, voir s'achever le vol pesant. Régulièrement les soirs d'été, surtout lorsqu'il avait plu, je les voyais tourner en bandes un peu folles autour des grappes de fleurs dont le puissant parfum les grisait. Le souvenir de ces moments d'affût exacerbé m'est toujours si présent que je crois, à l'instant où j'écris ces lignes, sentir les pattes crocheteuses de l'insecte sur la peau de ma main.

II

Saugues

> Terre qui nous rend la marche, le repos, le travail et la répétition produite par la marche.
> Le temps de dire « ici je m'arrête »
> Je m'arrête et regarde autour de moi.
>
> Georges DRANO,
> *Présence d'un marais.*

Insensiblement nous quittons le Velay pour le Gévaudan. La marche n'en est pas pour autant modifiée. À toute montée succède une descente qui elle-même commande sa montée. La journée sera rude. L'une des plus difficiles de tout l'itinéraire selon le topo-guide.

Chemin de crête. Quatre hommes coupent le foin à la faux dans un champ en forte pente. Salutations. Arrêt. Quelques mots sur l'orage d'hier soir. D'où nous sommes ? De Bretagne. Ah oui, le mont Saint-Michel ! Plutôt plat par là-bas, non ? Encore que, même quand c'est plat, un pays ça grimpe toujours un peu, et à la longue ! Geste vers les montagnes du fond.

Il fait beau et chaud. Au fil des kilomètres les sacs trouvent leurs places, à moins que ce ne soit les corps qui s'habituent. Encore deux ou trois jours et l'entente sera parfaite. Fermes, villages. Aux aboiements des chiens les rideaux se soulèvent. Ceux des fenêtres et ceux des portes. Parfois on vient sur le seuil pour rappeler les bêtes. Parfois aussi on parle un peu, pas grand-chose à tout prendre, juste du beau temps qui s'installe, du pays. Deux mots, quatre fois rien qui permettront quand même de dire, au repas de midi, quelque chose qui ne soit pas lié au quotidien.

Trahie par son bref mouvement de recul. Cet éclair trop vif, ces taches jaunes, huileuses, brillantes sous l'écorce, attiraient forcément le regard. À présent elle nous fixe, immobile, de ses gros yeux anthracite. Son guet pétrifié peut durer des heures. De quoi décourager la patience de l'autre, prédateur en puissance. C'est ce qui lui permet souvent d'échapper au pire, à la vindicte de ses ennemis, à la sottise des hommes qui l'accusent d'on ne sait quels maléfices. Sans doute l'avons-nous éveillée en nous asseyant dans son territoire. Par je ne sais quel respect notre repas s'accomplira en silence comme si nous hésitions à lui nuire davantage. Animal nocturne par excellence, la salamandre tachetée ne se rencontre que très rarement de jour, et toujours dans des endroits humides comme celui-ci. Nous en avons ainsi trouvé quelques fois à Conques, surtout dans les bois de Saint-Marcel, en juillet, au temps des girolles. Beaucoup moins vers l'automne à l'heure des châtaignes. Non pas qu'elles soient absentes, murées, endormies dans quelque cavité obscure, au contraire, actives mais invisibles dans l'épaisseur des feuilles où l'insecte et le ver cherchent également pitance.

À midi les villages vivent derrière leurs volets. Il en fut toujours ainsi dans ces pays du Sud où l'ombre et la fraîcheur sont traitées, au même titre que l'eau, avec parcimonie. Bruits d'intérieur légèrement assourdis par l'épaisseur des murs. On y devine une foule de gestes machinaux, polis par l'habitude. Derrière les dernières maisons l'espace s'ouvre soudain sur le vide. C'est la trouée de l'Allier. Hautes falaises de calcaire veiné d'orange, sombres forêts de pins, ors vifs des champs de blé et, étranglée et grondante, plusieurs dizaines de mètres sous nos pieds, la masse étincelante de l'eau qui se rue.

Châteaux, forteresses, donjons, fortifications diverses, rien ne manque à l'Auvergne en matière de panoplie guerrière, de souvenirs d'un temps où la force précéda souvent la parole. Ce château-ci s'appelle Rochegude. Il y en aura d'autres, beaucoup d'autres dont nous ne retiendrons pas toujours les noms, dressés sur leurs monticules, suffisants de vanité, mais tellement touchants dans leur détresse.

De Rochegude il ne reste que le donjon. Unique vestige de la place forte servant de bouclier au Velay contre les prétentions de son belliqueux voisin le Gévaudan, il témoigne encore, malgré l'ampleur de ses blessures, de la puissance de ceux qui s'y établirent.

Comme toutes les citadelles réputées imprenables celle-ci fut vraisemblablement défaite par pâle trahison, coups fourrés ou grave imprudence. À moins que ce ne soit le temps, sinon l'obstination plus expédiente de l'artillerie.

L'artillerie ! Cette fable ridicule dont on se gaussa longtemps entre compagnons d'armes assez sensés pour s'en remettre aux lames tranchantes, aux masses, aux pics. L'artillerie ! dont on se demanda longtemps dans le fond des provinces, pour peu que l'on ait refusé les carnages en champ clos, à quoi elle pourrait bien servir le jour où elle n'effraierait plus les chevaux. Celle-là même, en effet, qui vint ici, du moins telle que je l'imagine, et pourquoi pas par un matin d'été semblable à celui-ci ? Nous sommes à la fin du XVe siècle, Louis XI et le Téméraire rusent à qui mieux mieux pour se perdre l'un l'autre tandis que l'Europe ouvre ses premières banques. Résolu le temps où, de conflits locaux en partage de royaume, on s'armait par principe pour se battre en devoir. La paix s'est imposée comme un mal nécessaire. Pour vaincre l'ennui on régente les routes, les chemins commerciaux, fleuves et octrois. On rançonne donc un peu, sans péril aucun puisque tout s'accepte selon le principe qu'aucun déplacement n'étant désintéressé, il est juste que celui qui demeure dans sa tour en perçoive quelques miettes. Surtout lorsque, comme ici, la route vient buter contre la muraille.

Et, soudain, grosses d'un espoir comme le monde n'en avait encore jamais connu, les routes se peuplent de l'immense cohorte des pèlerinages. Obligations, envies, désirs d'aller là-bas, loin derrière villes et montagnes, se recueillir pour le salut de son âme sur les reliques d'un saint aussi réputé que ténébreux, soudain la foule arrive. Et celle-là on ne peut la toucher, lui imposer des taxes, des droits ou des amendes. Interdit ! L'Église la protège ! Malheur à celui qui extorquerait ne serait-ce que poussière de denier à l'un de ces chemineaux de Dieu ! Alors l'homme-forteresse se tait, range ses armes et sa fureur, chasse pour conserver le goût du sang en espérant que son voisin franchisse, enfin, le pas qui rétablira l'ordre des choses. Et puis, comme il faut savoir se montrer magnanime, il reçoit des pèlerins à sa table. Ce sont eux qui l'enseignent sur le monde, lui apprennent que les règles du jeu dont les siens se targuaient depuis si longtemps sont devenues caduques. Caduques ? Allons donc ! Que faites-vous de ces murailles ? Justement, il semblerait, Monseigneur, que ces inventions déraisonnables, bombardes et couleuvrines, en viennent à bout.

Cette nouvelle suffit à le mettre en joie lui, le busard des hauts d'Allier ! Qu'elles viennent ces maudites machines ! Qu'elles accourent sans tarder en qu'enfin on en découse, comme il se doit ; dans la morgue et le panache !

Tirées, poussées, portées à dos d'hommes ou de mulets, hissées par des sentes de renard, glissées au-dessus du vide, elles vinrent, en effet, escortées par un orage de plusieurs semaines.

En dévalant le chemin qui nous conduit vers la vallée j'aime à penser que dans le silence du premier matin qui suivit la chute de Rochegude, le donjon, pratiquement intact, apparut aux assaillants aussi désespérément beau qu'il se montre aujourd'hui.

Monistrol-d'Allier. Quatre cents habitants. Six cents mètres d'altitude.

La ville s'étire le long de la rivière dont on devine les emportements aux amas d'arbres et de branches émergeant des plats sablonneux. Monistrol possède une gare S.N.C.F. et de beaux hôtels-restaurants où il devait être agréable de passer ses vacances avant guerre. Cela ne veut pas dire que l'existence y soit moins plaisante aujourd'hui, et sans doute y connaît-on toujours d'excellents séjours, mais je doute, connaissant le besoin d'agitation de mes contemporains, que le charme un peu désuet des lieux réponde à leur attente.

Bien que, toujours en Haute-Loire, nous soyons déjà en Gévaudan. Rançon de l'histoire, le découpage des actuels départements français ne tient presque jamais compte des notions de pays héritées de l'Ancien Régime. Le poids du politique relayé, conforté par l'administratif, ne pouvait que s'imposer comme une fin obligée sur les particularismes locaux et l'évidence historique. Dans les faits le prioritaire l'a emporté sur le primordial. Le concept de nation y puisa ses eaux baptismales. Sans doute lc fallait-il.

Juste retour des choses, il arrive encore fréquemment qu'au cours d'une conversation on vous situe plus facilement une ville dans son pays d'origine que dans son département.

Personnellement je préfère, et de loin, cheminer en Velay, Gévaudan et Rouergue qu'en Haute-Loire, Lozère et Aveyron. Bien entendu cela ne change rien à rien, ne réduit pas les distances et difficultés de la route. Mes pieds, j'en suis certain, n'y enregistrent aucune différence. Mais ma tête, elle, y trouve son compte de poésie. Une poésie violente et râpeuse comme un alcool fermier.

De nouveau la côte, moins raide, plus conciliante. Sans que nous y prenions garde le paysage s'est modifié en quelques kilomètres. À présent le granit de Margeride succède au calcaire et au schiste. La forêt est plus sombre, les maisons plus massives.

Le plateau s'ouvre enfin sur un large chemin de terre martelé par les troupeaux.

Crottes de chèvres, de moutons, bouses de vaches, lourds parfums gras d'animaux en marche. Une trentaine de bêtes progressent lentement, surveillées de loin par un paysan rigolard que nous rejoignons. Salutations interrogatives; d'où nous venons? Où nous allons? Mots de passe obligés servant à la reconnaissance approximative de l'étranger qui traverse — à pied! — (et pour quelles obscures raisons?) l'ordre établi du paysage. Qu'adviendrait-il si nous éludions sa question? Continuerait-il longtemps à plaisanter en titillant de son bâton le fessier d'une énorme brebis ? Pas sûr ! Vieux réflexe atavique qui veut que l'on se méfie, *a priori*, de tout ce qui vient d'ailleurs. Plus qu'une règle, c'est un devoir qui commande à la préservation des biens, et il n'y a pas si longtemps à la simple survie.

Car on ne l'a pas oubliée cette histoire de la ferme assiégée par une bande de pousse-cailloux. C'est le grand-père, ou peut-être son père, qui l'a racontée vingt fois, et cela suffit bien pour que l'on sache désormais, d'emblée, à qui l'on a affaire.

Au bout du chemin trois ou quatre belles fermes et une maison d'Assemblée tout juste restaurée. L'histoire des « Assemblées » est contemporaine de celle des Béates et si ces dernières occupèrent très souvent ce logis communautaire, certains villages tinrent à marquer la séparation en construisant des habitations distinctes. Si l'on allait à « l'Assemblée » pour prier ou plus simplement pour veiller, on y débattait aussi des affaires locales. Déclin du sentiment d'appartenance ? Usure d'une démocratie professée au quotidien ? Ou tout simplement conséquence de la désertification ? La plupart de ces bâtiments sont aujourd'hui en ruine. Sauf ici où l'on s'est opposé collectivement à l'inéluctable. Étonnante pérennité de la notion d'accueil dans un pays qui se dépeuple chaque année davantage, la maison d'Assemblée du Vernet est constamment ouverte aux pèlerins et randonneurs malmenés par la grimpée de Monistrol.

Derrière nous le paysage s'est refermé, une fois pour toutes, sur des boqueteaux de genévriers. Devant le plateau, immense, faiblement vallonné, quelques pins sombres en lisière et, tout au fond, se détachant à peine sur l'horizon gris-bleu, les monts de Margeride. Nous descendons vers Saugues, ancienne place forte du Gévaudan.

Tour des Anglais, collégiale Saint-Médard. Je suis déjà venu ici et m'en souviens. Pêcher la truite dans la Seuge, très exactement, un matin de ciel bas où, rendu téméraire par les pluies de la veille, le ruisseau s'aventurait dans les fossés et sur la route. Spectacle étonnant, dans une touffe d'herbe haute, près d'un pont, des reptiles enlacés semblaient vouloir s'étouffer sans que jamais l'un puisse tout à fait se saisir de l'autre. Contorsions. Rituel d'amour ou combat de mort ? Vipères ou couleuvres ? Trop éloigné pour bien voir. Peut-être aurais-je dû m'approcher, traverser l'eau boueuse, mais il y avait aussi des hommes et des femmes, marchant sous des parapluies ou engoncés dans des cirés, des voitures avec des remorques à bestiaux, de la paille et des œufs dans des paniers d'osier et le temps qui s'arrête sur le marché de Saugues.

Rien qui ne fasse mieux connaître les relations d'un pays avec les aliments, les traditions domestiques et les coutumes qu'une visite au marché du lieu où l'on séjourne. Bien entendu chaque ville possède son ou ses marchés, pâles ersatz — le vendeur fût-il paysan — de ceux que l'on rencontre en campagne. Ceux-là seuls sont vrais et prolongent, contre vents et marées, la très immuable règle du gré à gré inconcevable en milieu urbain. Ici on ne discute pas de la fraîcheur d'un produit que l'on sait irréprochable par réputation ou ouï-dire, mais on peut en discuter le prix, le temps qu'il faut, parce que c'est l'usage et que la fidélité à un fournisseur doit, forcément, se traduire par un geste, en général minime — mais c'est l'intention qui compte —, l'arrondi au franc inférieur, la pesée franche et le clin d'œil complice.

Ce jour-là dans les rues de Saugues, des paysannes encapuchonnées attendaient, impassibles, derrière des étals de fortune, que l'on veuille bien s'inquiéter de leurs produits. Volailles encagées dont la sérénité feinte se terminait souvent par des gloussements saccadés, charcuteries diverses dissimulées sous des linges à carreaux avec juste ce qu'il fallait de visible pour éveiller l'envie, beurre, lait, fromages, tout était en place afin que le passant s'arrête, regarde de plus près tout en parlant du temps, et porte la main à son sac. Omniprésence des jardins, les légumes étaient me semble-t-il assez rares, sinon des primeurs, venus du Sud ou de Bretagne. Plus loin quelques marchands forains, abrités sous des bâches à rayures, vantaient à une foule indifférente, et vraisemblablement revenue de ce genre de bagout, les mérites insoupçonnés des lessiveuses en zinc ou le fabuleux trousseau grand teint vendu à perte.

C'est vers la tour des Anglais que se tenait le marché aux bestiaux largement dominé par les bovins d'Aubrac. Les hommes, pratiquement absents des rues montantes, s'y trouvaient en grand nombre. Ce qui me frappa le plus fut l'étonnant silence qui régnait sur la place. Cela ne veut pas dire qu'il n'y avait aucun bruit, vaches, moutons, chèvres se chargeant à eux seuls de rappeler que nous vivions sur un marché dans une promiscuité que certains animaux trouvaient insupportable. Mais en dépit de ces manifestations d'humeur et de la rumeur qui montait des groupes d'hommes, jamais il n'y eut ce vacarme auquel la plupart des marchés à bestiaux m'avaient habitué. Peut-être n'étais-je pas encore assez détaché d'un récent séjour en Irlande où le moindre marché de chevaux est occasion à sortir les instruments de musique et chanter pour dire aux autres que, même si les affaires ne se font pas, on est heureux de les recevoir chez soi.

À Saugues les affaires se faisaient — et se font sans doute encore — dans la discrétion, par signes convenus, en mots mesurés et si possible au café. Celui où je pénétrai était plein comme un œuf. Pour accéder au bar il fallait traverser plusieurs rangées de cirés jaunes ou verts, luisants de pluie, jouer des coudes et commander de loin. La chaleur y était moite et musquée, mélange de chiens mouillés et de frottées d'ail. Peuple de casquettes et de bérets cornés en pointe, mégots aux lèvres, mains dans les poches du bleu ou passées dans le haut de la salopette, ils étaient bien là tels que je les imaginais, ces rudes paysans du plateau, visages et caractères durcis par un climat sans nuance. Ils étaient là semblables à ceux que dut rencontrer Du Guesclin marchant vers Châteauneuf-de-Randon, et, sans doute aussi, quatre siècles plus tard, Antoine de Beauterne, porte-arquebuse du roi, venu de Versailles pour mettre à mort une bête échappée de l'enfer qui, disait-on, remisait aux portes de la ville.

Deux ou trois mots à mon voisin sur le temps et les foins qui ne s'en remettraient sans doute pas, et je partis, quittai la ville avec un pain de ferme, du jambon sec et l'ouvrage de Dubois sur la bête du Gévaudan. Gris, tout me sembla ce jour-là uniformément gris. La pluie sans doute, et ces nuages qui roulaient sur la Margeride. À moins que ce ne soit, comme parfois il arrive, un état d'âme cherchant à boiter bas sans raison apparente.

Aujourd'hui Saugues est là, au bout des champs, lumineuse dans le soleil de fin d'après-midi, à l'heure où le calcaire étincelle. À l'heure rouge orangé des toits de tuiles gallo-romaines.

«Accueil à la ferme — Rue des Roches». Les corps renâclent trop pour que nous allions plus loin. Cherchons la rue des Roches accompagnés d'écoliers qui nous montrent du doigt, s'amusent et nous oublient comme ils étaient venus.

Plus proche de la villa que de la ferme, la maison des Itier est une grosse construction carrée comme on en trouve ici, avec étage et perron. Délestés de nos sacs nous nous retrouvons dans la cuisine devant un café le temps de parler un peu, non pas de soi, mais du déroulement de la journée. Parfois une question précise surgit : « Et la chapelle de la Madeleine ? » Oui, bien sûr. Le sentier la côtoie, un arrêt y est conseillé, tant pour le souffle que pour la prière. Édifice du XVIIe siècle, mais on en parle déjà dans les textes du XIVe, aménagé dans une grotte préhistorique. Pérennité d'un lieu de culte ? Probable. De part et d'autre, des tombeaux creusés dans la pierre volcanique. On y a, dit-on, trouvé ossements et monnaies. La mort aussi allait à Compostelle.

Et le coup d'œil sur les gorges, qu'en dites-vous ? Il s'en faut de peu pour que, vues de Montaure, les gorges de l'Allier ne s'apparentent à une peinture romantique allemande. Rien n'y manque. Défilé profond où bouillonne l'eau sombre, enchevêtrement de bois mort au-dessus du vide, fouillis de massifs forestiers, pas même dans le lointain, le donjon de Rochegude dans son rôle de ruine féodale. Tout est en place pour que l'âme frissonne, pour que des vers oubliés renaissent sur les lèvres. Tout s'y prête sans doute, sauf cette lumière trop douce, trop bleue, qui retirait aux lieux, lorsque nous nous y arrêtâmes, toute velléité de sauvagerie. Deux ou trois heures plus tard, peut-être, ou vers le soir, quand le jour déclinant fait grimacer la pierre…

Retraités de l'agriculture, les Itier gardent un œil sur la ferme où ils donnent la main quand il le faut à leur fille qui a pris la suite. Cela ne constitue pas une occupation suffisante et sans doute s'ennuieraient-ils un peu si le chemin de Saint-Jacques ne traversait la ville à quelques rues de chez eux, et n'offrait donc le monde à portée de main. Car il en arrive tous les jours que Dieu fait — ou peu s'en faut — de ces routards du « 65 ». Eux aussi passent par la cuisine, s'assoient et parlent, de l'embarras ou de la satisfaction des choses, désignent le pied meurtri, rient à contretemps, et, pour ceux qui baragouinent plus qu'ils n'emploient la langue, font des gestes.

Certains ont laissé des commentaires sur le livre d'or, des dessins. D'autres le nom de leur pays d'origine, tout simplement. L'Europe s'y décline comme un jeu de marelle avec, de temps à autre, de fulgurants écarts — Australie — Rhodésie — États-Unis.

En ouvrant ainsi leur porte à tous ces transhumants, les centaines d'Itier qui peuplent ce pays renouent avec la tradition de l'hospitalité franche. Qu'il y ait rétribution — parfois si modeste qu'elle en devient ridicule — ne change rien. L'important est dans l'échange et la communion. Et qu'importe si demain matin nous ne nous connaissons pas mieux. Nous aurons au moins vécu ensemble, dans les mots accordés, le partage d'un repas.

Quelques lignes griffonnées sur le carnet de route. Il nous reste environ deux cents kilomètres à parcourir. Ciel pur, lumineux, la nuit tombe sur la Margeride… « Une nuit de jour » comme disait Ségalat, certains soirs de pleine lune lorsque nous rentrions d'escapade sur les hauteurs de Conques…

Sommeil rétif. Le corps s'insurge trop contre la fatigue et le soleil de la journée. Des images défilent, s'en vont, reviennent, s'imposent, toujours les mêmes. Dans son demi-sommeil ma femme balbutie quelques mots inaudibles. Elle aussi cherche un compromis avec les forces obscures qui l'habitent. Une heure que je ne retiens pas sonne au clocher de Saugues. Dormir. Rompre cet état de veille où je m'épuise. Ma femme, avec force : « Je vous dis que je vais à Conques ! »

Dors mon intrépide, dors. Laisse-toi porter par le rêve. N'entends-tu pas déjà le bruissement de l'Ouche ? Nos pas dans l'abbatiale ? Les voix de nos amis. Va dans la paix des rues vers ce peuple sculpté qui fait chanter la pierre, et attends-moi, là-bas, près du bassin du cloître où depuis si longtemps une voix nous assigne.

III

Domaine du Sauvage

> Qui marchait devant nous,
> effaçant sa trace à mesure ?
>
> Pierre GABRIEL,
> *La Main de bronze.*

Sur les hauteurs de Saugues s'ouvre un large chemin sablonneux bordé de pins sylvestres et de murets de pierres sèches derrière lesquels des troupeaux de bovins s'indiffèrent, chaque jour davantage, du pauvre monde qui bat la route. Voie historique de Saint-Jacques-de-Compostelle, celle que, dit-on, Godescalc et sa suite auraient tracée. En fait, même si les XIIe et XIIIe siècles ont apporté leurs marques à la voirie — pavage, ponts —, même s'il n'est pas impossible que l'évêque du Puy ait choisi ce sentier plutôt qu'un autre, celui-ci paraît bien antérieur à l'idée même de pèlerinage, comme en témoignent par instants les fragments de voie romaine qui, depuis Montbonnet, viennent se perdre sous nos pas. Vestiges de la via Podiensis qui relia Le Puy à Figeac comme plus loin nous côtoierons les bribes de la via Agrippa. Nul doute que si la terre nous révélait ses secrets nous trouverions sous ces dalles contemporaines des empereurs du Ier siècle la trace de semelle Gabale effaçant l'empreinte du pied nu aventuré sur la sente animale. Souffrant d'une désertification endémique, éloignée des grands axes de communication, cette région n'a pas connu de profonds bouleversements topologiques; l'histoire s'y lit donc pratiquement à livre ouvert. Cela pour dire qu'autant que l'architecture de certains villages, et sans doute plus que celle des forteresses, le chemin parle à qui sait en déchiffrer les signes.

Dans son *Histoire de la campagne française* Gaston Roupnel rappelle qu'avant d'être une voie de circulation et de transport, le chemin primitif fut l'organe principal de la distribution des terres, c'est-à-dire la base du morcellement parcellaire, l'élément essentiel de l'aménagement du territoire. Et cela bien avant la domination romaine puisque sous la plupart des voies de grand parcours on retrouve très facilement le pavage gaulois dit «en hérisson» dont les nouveaux géomètres se servirent parfois comme matériau de structure.

Je ne pense pas qu'on lise encore Roupnel à l'instant où la campagne traverse une crise d'identité sans précédent, et c'est dommage car il a beaucoup à nous enseigner sur cette histoire, longue de plusieurs millénaires, qui façonna le paysage rural dont nous négligeons trop l'extraordinaire présence dans notre inconscient fraîchement urbanisé. Philosophe de formation, il sut parler de la civilisation rurale en poète visionnaire. Bourguignon comme Gaston Bachelard ou Jacques Lacarrière, il célébra la longue complicité des hommes et de la nature en mots simples et probablement sans appel... «Le vieux chemin est ainsi comme le trait définitif, la ride creusée par le vieil âge sur cette face dolente de nos campagnes. Cette ride, on peut dire que rien ne l'efface, qu'elle laisse des traces indélébiles. On reconnaît l'ancien chemin même quand il n'est plus qu'une voie abandonnée, un sentier dévasté, un vestige incertain qui s'efface sous la glèbe...» Celui que nous suivons, avec ses dalles usées par des millions de pas, meurtries par des années de charrois ne nous éloigne guère de ce texte publié en 1932.

Arrivée impromptue dans une colonie de petits lycènes bleus posés au bord d'une zone humide. Panique de la troupe, envols désordonnés. Sans nous être concertés nous nous immobilisons le temps nécessaire à ce que le nuage duveteux se ressaisisse. Amusant sentiment de partage complice avec cette vie si précaire que nous devons parfois écarter de la main, accompagner du geste.

Hameau du Pinet. Nous marchons l'esprit clair et pointu, peut-être un peu grisés par la sérénité du paysage, peut-être aussi par la folie des herbes, le lourd parfum des foins prêts à la coupe. Nous allons, côte à côte, émerveillés de tout, prompts à l'exclamation facile, dérisoire mais sincère, sur des bagatelles cent fois rencontrées, magnifiées sur le champ par les mots qui s'affolent. Qu'importe bien si l'aspérule odorante, dite aussi reine-des-bois, n'a rien d'exceptionnel puisqu'elle est là, tapie sous les hêtres et qu'elle embaume le chemin. Sans doute n'en utilise-t-on plus les feuilles les plus tendres pour faire ce vin de mai que l'on buvait, autrefois, dans les fermes lozériennes, ni ses fleurs séchées qui remplacèrent très longtemps le thé, soupçonné d'on ne sait quels graves défauts. L'aspérule nous accompagnera jusqu'à ce que la lande s'impose comme seul voisinage, dévoilant dans sa vérité nue l'extraordinaire beauté de la Margeride.

Village de La Clauze. Quelques silhouettes, âgées pour la plupart. Volets fermés où le lierre et la ronce s'accrochent. Autour de la maison d'Assemblée, belles constructions typiques du Gévaudan, encadrement et chaînage d'angle en blocs de granit massif, toits faiblement pentus recouverts de tuiles romaines, vastes granges à étage dont le plain-pied logeait les bêtes.

Unique vestige d'un château féodal, une tour en ruine curieusement perchée sur un gros bloc de granit. Il est dit que tout au long des guerres de Cent Ans et de Religion, on se battit beaucoup ici. Que l'on vint même de très loin mourir sur cette plaine. Sans doute savait-on pourquoi.

Halte au bord de la Virlange. Un couple de bergeronnettes des ruisseaux trottine sur le sable des berges, s'envole d'un battement d'ailes à peine perceptible, pour se poser sur les rochers émergeant de l'eau. Le mâle, jabot noir encadré de jaune, semble plus hardi que sa compagne qui reste toujours à distance. Courte exploration le long de la rivière. De temps à autre une pincée de sable se soulève et s'effiloche dans le courant. Fuite de truitelle, imperceptible sinon ce trouble fugace dans l'équilibre apparent des choses. Agitation désorientée d'un monde minuscule qui frémit pour des riens mais, sous les pierres les plus grosses, dans les remous les plus sombres, sans doute quelques beaux poissons, à l'affût comme des spadassins, attendent, sans craintes inutiles, le vairon ou l'insecte qui les fera jaillir. Quelques galets retournés, gluants, des larves de phryganes s'y accrochent dans leurs fourreaux de sable et de débris, les « porte-bois » qu'autrefois je recherchais pour pêcher la perche et le goujon. Conséquence probable d'une eau trop froide, peu ou pas de plantes, sinon la mousse vert sombre, presque noire, en abondance.

Fascination de l'eau, Gisèle évoque les petits

moulins de branches et de feuillages qu'elle aimait voir tourner sur le ruisseau de son village. Des heures de contemplation de scènes qui se répètent inlassablement, sans jamais dévoyer la patience, prélude à ce que sera toute existence.

Sur la rive opposée les deux petites boules de plumes jaunes et grises s'agitent de plus belle, sautillent, vont et viennent, indifférentes.

Le terme de Margeride englobe, en fait, bien plus que la seule montagne à laquelle on l'a si longtemps associé. Il recouvre également une forêt, dominée par le hêtre et les résineux, d'immenses plateaux monotones, propices à l'élevage, des vallées assez austères incisées de gorges profondes, autrement dit une grande diversité de paysages et de climats oscillant entre douceur et violence. Parlant d'elle, on dit « Margeride » comme ailleurs « Sologne » ou « Lubéron », lui conférant ainsi une notion de pays à laquelle ses habitants ne sont pas insensibles.

Margeride, le mot se décline avec suffisamment de grâce pour que l'on s'en souvienne à la manière de certains vers jugés irremplaçables pour leur seule consonance.

Par beau temps, ici, la vue porte tellement loin que le découragement n'est jamais exclu chez le randonneur le mieux trempé. C'est que la plus forte résolution n'est jamais à l'abri de l'angoisse pernicieuse qui rôde en toute solitude. Et pourtant, quel moment privilégié pour le marcheur que la longue approche d'un lieu ou d'une agglomération ! Car, contrairement au voyageur mécanisé qui happe le paysage plus qu'il ne le maîtrise, le piéton, rejoint en cela par le cavalier, a besoin d'appréhender très lentement, avec même parfois un rien d'hésitation, le but qu'il s'est fixé.

Disant cela je pense à Saint-Guilhem-le-Désert

lorsque, venant d'Arboras, nous descendions vers les gorges du Verdus, le village et son abbaye romane où Guillaume d'Aquitaine se fit moine en 806, après avoir beaucoup ferraillé aux marches de l'Empire. En avons-nous alors multiplié des arrêts pour contempler, jamais rassasiés, l'apparent désordre de tuiles et de calcaire d'une cité occitane. Peur d'oublier ? En moins de deux semaines nous refîmes quatre fois le chemin, escaladant les crêtes, dévalant les sentiers, pour le seul plaisir d'accaparer, d'arracher quelques fragments de certitude à l'immuable.

Rencontre d'un attelage de bœufs tirant un tombereau de foin. En réponse à nos salutations l'homme qui marche en tête fait un signe de la main. Trois mots. Nouveau signe. Nous nous croisons sans qu'il semble réellement nous voir. Son chien nous suit, flaire nos jambes. Sans se retourner l'homme siffle la bête qui rejoint l'attelage. Quel degré de solitude faut-il atteindre, et pendant combien de temps, pour s'enfermer dans un tel mutisme ?

Sinon ce charretier et quelques personnes âgées — surtout des femmes — rencontrées dans la traversée des villages, nous n'avons vu personne depuis notre sortie de Saugues. Où est la vie ? Où sont les bras dont la survie de ce plateau dépend ? Qui dans ce désert en gestation oserait encore parler d'espérance, sachant qu'il meurt ici chaque année plus d'hommes qu'il n'en naît ? Terrible réalité des faits, au train où se dépeuple la campagne française il n'y aura bientôt plus que les offices de tourisme pour s'extasier sur la « grandeur sauvage des espaces libres et nus », et le cri de la buse pour rompre le silence. Il y a moins d'une heure nous chantions comme des gosses en maraude en longeant la Virlange, et voici que cet homme passe, indifférent à la parole, et que mon chant trébuche. Pourquoi ?

De loin cela ressemble à une ferme, de près à une forteresse, c'est le Domaine du Sauvage, une commanderie de Templiers, lieu d'étape sur le chemin de randonnée, de Saint-Jacques, de transhumance ou de colportage. L'arrivée au Sauvage est quelque chose de fort, de puissant, d'émouvant aussi tant l'approche semble devoir durer sur ce plateau immense et désolé où seul le trait sombre des pins cadastre l'horizon. Défiant les siècles et leurs tourments, le Domaine attend, patient comme un chat, ceux et celles qui se risquent vers lui. Il attend et se réjouit peut-être de distinguer, là-bas, en lisière, ces formes qui avancent dans le frémissement de l'air trop chaud. Devrait-il se souvenir sur l'heure de tous ceux qui vinrent ainsi frapper, de jour et de nuit, à ses lourds vantaux de bois, qu'il ne le pourrait pas, pas plus qu'il ne saurait tenir compte de ceux que sa seule présence sauva du pire. Pour l'instant il dort, le vieux domaine, du sommeil de l'oasis, bercé par la satisfaction du devoir accompli et de la longue clameur poussée, hurlée, par tous ceux qui eurent à tutoyer, ici, l'angoisse et le désespoir… *Salvage… Salvage…* (Sauvé ! Sauvé !) Il dort jusqu'à ce que nous heurtions, à notre tour, son portail d'entrée.

Grande salle commune avec cheminée proportionnée, dortoirs aux étages, énormes dépendances. Un groupe de femmes qui sillonnent en voiture « histoire de se dépayser un peu, cette Basse-Auvergne où l'on se perd si facilement » occupe tout le premier étage. Nous remisons au second, sous la charpente. La vue sur les crêtes y est superbe. En bas tout le monde parle et rit trop fort, et sans propos, pour que l'ennui n'apparaisse pas rapidement sous l'artifice. Venant du Puy elles vont à Conques, via Marvejols, sans avoir la moindre idée de ce qu'elles verront demain. Mais que reste-t-il d'hier ?…

L'an dernier elles étaient à New York. L'an prochain Dieu sait où. Tandis que la « responsable » — il en faut bien une, n'est-ce pas ? — nous parle de Paris « où la vie devient tout simplement impossible », l'ombre d'une buse variable se dessine sur le sol de la cour, tournoie, disparaît dans l'ombre portée du mur, revient, s'approche de l'endroit où poules et canes surveillent leurs couvées. L'oiseau est superbe. Assez bas pour que je puisse distinguer le mouchetage de ses plumes, les serres repliées. Notre présence rend l'attaque impossible, mais que nous nous éloignions... Il y a quelques années, au-dessus des mines abandonnées du Kaymar, pas très loin de Conques, un circaète jean-le-blanc surgit ainsi. Inoubliable...

Rapide coup d'œil sur le cahier du gîte. Parfois pompeusement baptisés « Livre d'Or », parfois sans nom, ces modestes exutoires jalonneront nos étapes avec une ponctualité assez étonnante. Chaque accueil possède le sien. Il arrive qu'on vous le présente avec une pointe d'extrême satisfaction... « Là, regardez ce nom, il a écrit un livre depuis. » Sorte de chaîne de compagnonnage, celui qui lit sacrifie à son tour et notifie. Croyant répondre au précédent il s'adresse, en fait, à ses successeurs. Trop tard pour les mettre en garde, trop tôt pour les conseiller vraiment. Parfois on découvre dans ces cahiers de fort belles choses. Ainsi ce poème d'un Indien Iroquois, chez les Itier, à Saugues. Mais il y a surtout le tout-venant bavard, prétentieux, délirant ou grognon, comme la vie. « Ce n'est pas le chemin qui est difficile, mais le difficile qui est en chemin. » Ici nous sommes encore entre gens civilisés, le savoir-vivre l'emporte, mais dans deux ou trois étapes, quelques intempéries, de grosses fatigues, et le vernis s'envolera. Surgiront alors les craintes, désirs, espoirs ou délires mystiques. Toutes ces parts obscures que chacun porte en soi qui, soudain, se mettent en transe, parlent haut quand elles ne gueulent pas comme harpies et, faute de répondant, se déversent sur la page… « Ça commence à manquer de fesses !… J'ai peur de l'orage, mon Dieu protégez-moi… Aurai-je le courage de continuer demain… Atteindre Roncevaux serait le plus beau jour de ma vie… Merci mon Dieu de tant de souffrances… Ne serait-il pas possible de transformer une chambre du gîte en oratoire afin de pouvoir s'y recueillir la nuit… » et peut-être la plus étrange : « Attention, on vole le pain la nuit ! »

À quel besoin profond répondons-nous donc en imposant aux autres l'immense insignifiance de nos angoisses ? Ainsi la main taillant l'encoche, traçant le signe ou le graffiti, croit-elle marquer considérablement le siècle ?

Tandis que nous faisons le tour du domaine, ce n'est pas à Jacques de Molay, vingt-deuxième et dernier maître du Temple, que je pense mais à Hugues de Payns, obscur chevalier sans renom ni mérite particuliers, qui fonda l'ordre. Je pense à lui car je le sais présent dans chacune de ces pierres, posées bien après sa mort, en cet endroit où sûrement il ne vint jamais. Je le sens présent et vivant par l'esprit qui cimenta, mieux que mortier n'aurait su le faire, les murs de cet édifice et de tous ceux qui lui ressemblent. On ne sait d'ailleurs que peu de chose de cet homme. Sinon qu'il fut, sur ses vieux jours, ami de Bernard de Clairvaux, et qu'il se retira du monde avec huit compagnons pour se consacrer à la défense des pèlerins de Terre sainte sous la bannière des Pauvres Chevaliers du Christ. Neuf ans plus tard, le 14 janvier 1128, le concile de Troyes reconnaissait le nouvel ordre sous l'appellation de Templiers en souvenir du temps où, sans feu ni lieu, ils vivaient

« pauvres, chastes et obéissants, près du Temple de Notre Seigneur, à Jérusalem ».

S'il n'avait été racheté par le conseil général d'Auvergne, le Domaine du Sauvage serait abandonné depuis plusieurs années. L'obligation de maintenir une présence d'accueil en ces lieux de passage et d'occuper les terres l'a sauvé d'une ruine certaine. Il est aujourd'hui tenu par une jeune femme aidée de deux ouvriers agricoles. « L'hiver ? On se débrouille à tenir, que voulez-vous. Tenir, c'est tout ! » Elle a dit : « c'est tout » avec le ton des certitudes acquises. Rien à ajouter : nous suivons le berger qui rentre un troupeau. La bergerie est imposante par sa taille et la pureté de ses voûtes. Les animaux, brebis et agneaux en nombre important, s'apaisent rapidement. L'homme leur parle sur un ton monocorde qui semble les rassurer, va vers une mère, contrôle une patte, revient. « Je les rentre chaque soir à cause des petits. Plus vite aujourd'hui avec l'orage. » Le temps est pourtant superbe, le ciel très pur. Sinon ce vent qui souffle de plus en plus fort, rien n'a changé depuis notre arrivée. « Attendez voir. Il y a des signes qui ne trompent pas ! »

La ferme : magnifique salle commune ; deux grandes cheminées, sans doute la pièce d'accueil des Templiers. En fait, la Commanderie est construite autour d'une cour carrée, chapelle au midi, réfectoire au nord, avec, de part et d'autre du bâtiment d'habitation, les granges, étables, bergeries, caves, fenils et écuries indispensables à la vie d'une ferme. Car, bien qu'abritant une garnison, c'est avant tout une exploitation agricole dont la communauté doit tirer le principal de ses ressources. Un système de couloirs et de portes permet d'accéder à chaque aile du bâtiment sans avoir à sortir en cas d'intempéries ou de danger. À quoi les mois noirs peuvent-ils bien ressembler ici ?

L'orage est venu dans la nuit. Violent. Pluie diluvienne. Il pleut aussi dans notre grenier… Toc… Toc… Toc… Le vent s'acharne sur la vieille bâtisse. Combat cent fois recommencé bien que perdu d'avance. Les pierres ricanent, modulent une sorte de vocalise, celle-là même que, peut-être, chantaient les bâtisseurs du Domaine. Vague réminiscence des psaumes de supplication entonnés, dans les sons les plus graves du plain-chant, par les Templiers lors de la perte de Saint-Jean-d'Acre. Les lauzes frémissent, sifflent, se soulèvent, retombent… Flap… Flap… Flap… Nous nous levons. Il est à peine trois heures. Dehors le spectacle est grandiose. Les éclairs déchirent l'obscurité, illuminent les crêtes. La Margeride se creuse, va et vient sous les coups de boutoir, s'affole et certainement gémit en longues plaintes. Forte déflagration ; l'électricité s'éteint. Bruits de voix et de rires étouffés à l'étage du dessous. Gisèle : « Heureusement que les agneaux sont à l'abri… »

Attendre, bras croisés sous la tête, yeux ouverts, que le calme revienne. La nuit s'effiloche lentement, dépouillée de ses heures, sur les murs bosselés de la pièce où les éclairs génèrent de drôles de continents. Tonnerre en ardoise ponctué de coups sourds. « C'est le bon Dieu qui joue aux boules », me disait-on enfant. Mais, pour les bombardements, rien, pas un mot. Dommage car c'est eux que je craignais le plus. Souvenirs. Je suis dans les bras de mon frère au bas des escaliers de notre maison. C'est la nuit. Des avions tournent quelque part dans le ciel. En fait au-dessus de nous. Explosions. Mitraillage. Le ciel est rouge. Les murs sont rouges. La haie de notre jardin aussi. Impossible de sortir de ce réduit pour, une fois franchie la cour, traverser le jardin, courir vers la tranchée, là-bas, si loin, près du grand cerisier. Explosions rapprochées. La terre tremble. Parfois il y a des objets qui se décrochent du clou, de l'attache, et tombent avec un bruit risible comparé au reste, mais dont personne, jamais, n'aura l'intention de rire. Sans doute sommes-nous nombreux. Parents. Voisins. Je ne me rappelle que mon frère et la poussière qui nous entoure. La vieille bâtisse de terre et de bois croisés tremble, elle aussi, comme la terre, comme nous, comme le ciel sans doute et comme sans doute la Margeride en ce moment même... jamais depuis aucun orage n'a pu réellement m'effrayer.

Souvenirs, images qui s'imposent dans le désordre apparent de cartes battues. Pourquoi ces moments plutôt que d'autres ? Égarée, rendue à elle-même, libre de toute contrainte notre mémoire peut-elle revendiquer un sens ? Si oui, lequel ? Sinon que de nous faire divaguer au gré de son bon vouloir.

En octobre 1977 nous descendîmes à petites goulées vers Goudargues, dans le Gard, où Guy Chambelland nous avait donné rendez-vous. L'automne était superbe. La beauté des paysages traversés, l'humeur allègre et disponible des gens, le profond apaisement que nous sentions naître d'une nature chaque jour plus somptueuse, nous imprégnèrent d'une sorte de félicité qui ne se démentit à aucun moment du voyage. Instants indissolubles où le bonheur ne semblait plus devoir nous quitter, jaillissant de visite en rencontre, ricochant d'un jour sur l'autre comme un galet lancé. Collonges-la-Rouge à l'heure où le soleil s'attarde sur le grès pourpre des maisons pour mieux en glorifier ce je-ne-sais-quoi, monocorde et sublime, cet air de violoncelle de certains soirs d'automne. J'aime encore à penser que Turenne partagea cette langueur lorsque, réfugié dans sa vicomté, il venait à Collonges entre deux complots contre Mazarin. Peut-être même, s'il fut aussi grand qu'on le dit, laissait-il supposer qu'il passait en voisin, lui qui foulait sa terre en parlant de Condé et de la gloire violente qui veillait aux frontières.

Turenne encore, mais le village cette fois, distant de presque rien de Collonges. Perchées sur une colline un peu raide, quelques belles maisons des XVe et XVIe siècles dominées par les ruines du château. Flânerie dans les ruelles en pente, nous cherchons l'entrée de la forteresse. Une femme dans son jardin : « Oh ! Vous savez, si c'est Turenne que vous cherchez, il y a longtemps que le nez ne lui fume plus ! »

Visions fugaces. Les tours de Merle émergeant à grand-peine des brumes de la Maronne ; la force terrassée de certains lavis de Victor Hugo… Dans une rue de Saint-Cirq-Lapopie le facteur qui nous accompagne jusqu'à la maison d'André Breton : « Monsieur Breton, moi je l'ai bien connu. Normal, me direz-vous puisque je lui portais son courrier. Mais, attention, c'est que je lui parlais aussi. Et quand on parle aux gens, hein, on s'en dit des choses ! » Autant qu'il me souvienne, la maison ressemblait à une longère qu'une cour à massifs de fleurs séparait de la rue. « La vue sur le Lot et sa vallée y sont splendides, ajouta notre guide, et comme les poètes voient, déjà, des choses qui nous échappent, vous comprendrez pourquoi Monsieur Breton était si attaché à ce pays ! » Perpignan. Les longues promenades avec Suzanne et René entre la cathédrale Saint-Jean et la Loge de Mer. Saint-Martin-du-Canigou, l'abbaye et son cloître incrustés dans le roc, comme suspendus sur les à-pics, où Michelle nous rejoint. Goudargues enfin, la Bastide d'Orniols, Chambelland, mon manuscrit dans une main, un verre de jurançon dans l'autre.

À première vue il ressemble, cheveux mi-longs, légèrement bouclés, rejetés en arrière, moustaches en pointe, sourcils en accent circonflexe, visage et corps charnus, à l'un des mousquetaires de Dumas. Tandis qu'il lit quelques poèmes d'une voix forte, reprend, détache tel ou tel vers, les derniers mots de sa lettre me reviennent en mémoire : « Je vous éditerais volontiers. Rencontrons-nous. » Et je suis là, heureux, non pas d'écouter ces vers qui me semblent désormais un peu lointains, mais parce qu'il fait un temps superbe et que la garrigue embaume. Aussi loin que porte le regard la Cévenne flambe comme hier la vallée du Lot et demain les châtaigniers du Rouergue. Cela suffit bien pour se payer de tout… « Que diriez-vous d'une édition de tête. Trente gravures ? » Des noms suivent. Gisèle Prassinos, Alfredo Lam. « Et vous ? Bernard Louédin ! Très bien, on y va ! » Pourquoi ce nom plutôt qu'un autre ? À vrai dire nous n'avions pas envisagé une telle édition. Connaissant un peu la peinture de Louédin j'ignorais tout de sa gravure et pas grand-chose de l'homme, quelques bribes tout au plus rapportées par une amie. Une heure plus tard, à Saint-Guilhem-le-Désert, partagés entre craintes et euphorie, nous décidâmes de rentrer, toutes affaires cessantes, en Bretagne. C'est pourtant bien à Conques que nous nous arrêtâmes à la nuit tombée, victimes dont ne sait quel détournement d'intention. Hôtel Sainte-Foy, Micheline et Jean-Pierre nous en ont dit le plus grand bien. D'ordinaire nous campons le long du Dourdou. Car, depuis notre incursion de soixante-huit, nous sommes revenus ici pratiquement chaque année. Pas un séjour où nous ne nous sommes arrêtés devant l'hôtel-restaurant Sainte-Foy, n'avons détaillé la carte, rêvé d'une chambre avec vue sur l'abbatiale, pas une fois où, descendant vers le camping, nous ne nous sommes promis… Mais ce soir-là nous en franchîmes le seuil inquiets de l'heure tardive, agacés de hâte, ricaneurs d'envies, insatiables. Tardifs nous l'étions suffisamment pour être les seuls convives du restaurant. Ce fut sans doute la raison pour laquelle les propriétaires nous invitèrent à partager leur salon de télévision. Censés voir une émission sur Rodez nous ne parlâmes que de Conques. Dès lors, comment s'étonner que, venus pour un soir, nous prolongeâmes notre séjour aussi loin que le congé nous le permettait. C'est ainsi que Madeleine, Jean et Toussaint — familièrement surnommé Zézé — Cannes devinrent pour nous l'incarnation vivante de ce pays dont nous étions, déjà, parfaitement captifs.

Plusieurs jours durant nous courûmes les chemins de crête vers Sénergues et Noailhac, courses qui depuis longtemps n'avaient plus de secret pour nous, mais que nous refaisions chaque fois, avec la même folle espérance d'y trouver de quelconques modifications. Passages obligés, chemins initiatiques, territoires ? Il en est toujours ainsi, aujourd'hui encore, et demain sans doute, comme si nous ne pouvions demeurer raisonnablement à Conques qu'après avoir suivi certains signes ou itinéraires. Bref, l'automne, je l'ai déjà dit, était superbe, empli du long mûrissement de fruits blets, de bruyère et, le soir lorsque nous redescendions vers le village, de l'âcre odeur de l'herbe brûlant au bas des champs.

L'attachement à un pays passe obligatoirement par la connaissance et le respect de ceux qui y demeurent. Les gens rencontrés parlaient avec cette amabilité que les fins de saisons apportent à toute chose. Nous écoutions comme tous ceux qui vont à pied ; conscients de devenir, ne serait-ce qu'un instant, dépositaires de fragments de mémoires. Ainsi ce retraité des postes qui, six jours par semaine, pendant plus de trente ans, avait parcouru son pays...

« Par tout temps. Du plus haut au plus creux, à raison de quarante kilomètres par jour. Je connaissais des raccourcis, des sentes, qui me faisaient gagner du temps. Mais, arrivé dans les fermes, pour peu que l'homme soit présent, il fallait dire un mot, s'attarder, et alors… » Vague souvenir d'armée il connaissait les Bretons, du moins le disait-il… Des durs de la caboche. Peu causants, vaillants… Comme nous, quoi ! Cousinage inventé, voulu, imposé par l'autorité centrale ? Sans doute. Mais peut-être moins qu'on ne le croit généralement. À y regarder de près les traits communs ne sont pas rares entre l'Auvergne et la Bretagne. Difficultés de vivre sur des terres trop souvent ingrates, misère pour misère, dans l'heureuse soumission à l'invraisemblable fatalisme religieux. Et puis, n'est-il pas vrai qu'à la fin de la guerre de Cent Ans, on fit appel à des paysans bretons pour repeupler le Quercy réduit à l'état de désert ?

Celui-là, donc, parlait, chaque fois qu'il me voyait, de Brest où on l'avait débarqué venant de je ne sais où, en juin quarante. « De là je suis parti à pied pour arriver ici, sans mal vous pensez, rapport à mon travail. » De la Bretagne il gardait le souvenir confus d'une grande hospitalité, du cidre et d'une langue incompréhensible.

Chaque jour il s'asseyait sur le muret de la petite place située derrière le chevet de l'église. Lors de notre départ il me donna quelques noix fraîches et un marron « contre les rhumatismes ». L'hiver suivant une mauvaise grippe l'emporta.

IV

Aumont-Aubrac

> Plus nous savons d'où nous venons, et comment,
> Moins nous savons où nous allons, et pourquoi.
>
> Jean CARRIÈRE.

Ce matin il pleut. Une pluie lourde, opiniâtre, hargneuse sous les coups de vent, fouettant murs et toits d'où elle ruisselle sur les graviers blancs de la route qui tressautent et cabriolent en mesure avant de s'immobiliser, faussement assagis. Entre deux averses le jour décline un peu plus étouffé par la brume épaisse qui roule des sommets vers la plaine. Nous vivons alors pour quelques instants dans un univers cotonneux, moite, où les sons se travestissent étrangement. Que le vent revienne, le nuage s'effiloche, et la pluie, de nouveau, frappe les vitres avec un bruit de grêle.

Des flaques se sont formées dans les creux de la route, d'importance variable, reliées entre elles par une suite de petits canaux régulateurs. Certaines, parmi les plus larges, coupent pratiquement le chemin. On y voit des herbes en jaillir comme parfois les arbres noyés dans les étangs trop pleins. Dans la grange le berger que nous avions suivi hier au soir change un manche de merlin. L'orage ? Prévisible, puisque le vent tournait « en boule » de là-haut. Il s'adresse aux crêtes effacées par la grisaille. Pour aujourd'hui la journée « en sera » à moins que les vents tournent, se calent « là où il faut », ce qui lui semble improbable. Du vent, bien sûr il y en a, mais pas du bon, de celui qu'il faudrait. Celui-là vient de l'ouest, l'autre a ses quartiers au sud. De leurs antagonismes naissent ces orages à répétition et le long pourrissement des foins.

Déjeuner avec l'hôtesse étonnée de trouver nos sacs près de la porte. « Avec un temps pareil, vous ne verrez pas le bout de vos souliers. » Peut-être, mais attendre l'éclaircie présente de sérieux risques dans ce pays dont nous connaissons depuis longtemps le caractère pluvieux. La Lozère ne fut-elle pas désignée par la Révolution « Département des Sources ». Le second berger, empêtré dans un long ciré noir, passe devant la porte, s'arrête, regarde à l'intérieur. « Entre donc ! » Deux pas en arrière il disparaît, absorbé, gommé par le brouillard, à moins que ce ne soit la buée sur les carreaux. Celui-là n'est pas commode et cela se sent au premier regard, aux premiers mots. C'est lui qui, hier soir, se plaignait des sangliers « saloperie », des chevreuils « saloperie », des buses « saloperie », accusés des pires larcins, de toutes les effronteries, sans parler des renards, fouines, belettes et blaireaux « saloperie des saloperies ». Pas osé lui parler des hommes par peur de la réponse.

Pèlerins ? Posée sur le ton du constat, la question ne semble pas devoir appeler de réponse. Hier, déjà, dans une ferme au-dessus de Saugues, un homme avait évoqué, avec une sorte de déférence, « ceux qui sont pour Saint-Jacques » et dont, sous-entendu, nous étions forcément. Peut-être aurions-nous dû lui dire la vérité, éviter la méprise. Peut-être aurions-nous dû nous mettre au clair nous-mêmes sur ce sujet avant notre départ. Pèlerins, non ! Simplement randonneurs ! Ah, bon ! Vous faites le « 4 » alors ? Non le « 65 » jusqu'à Conques. Elle a dit « Ah, bon ! » une nouvelle fois et la pluie a occupé le silence en s'en prenant aux vitres. Peut-être l'avons-nous déçue. Peut-être, devant notre résolution, pensait-elle avoir affaire à deux de ces fous de Dieu comme elle en voit de temps en temps s'arrêter à la commanderie, et qu'elle ne laisse jamais s'en aller sans leur confier mission d'intercéder pour elle, à l'aide d'un mot de passe vieux de plus de mille ans : « Priez pour moi à Compostelle. »

Cour traversée, portail refermé, nous descendons vers la forêt par un chemin boueux et glissant en diable. Derniers regards sur la commanderie dont les contreforts accentuent l'aspect militaire. Adieu belle et sauvage forteresse de paix. Reviendrons-nous jamais en ce lieu de haute solitude ? Reverrons-nous encore, au sortir des bois de Pouderoux, étinceler tes toits d'ardoises lourdes, fumer tes cheminées ?

L'histoire est immorale. Nous le savons depuis longtemps déjà. Les Templiers, eux, l'ignoraient encore, ou tout au moins firent comme si. Condamné à disparaître par le concile de Vienne en 1312, l'ordre n'eut aucune velléité de résistance. Persécutés, torturés, massacrés, ses hommes disparurent, sacrifiés à la raison d'État. La logique eût voulu que nul ne touchât aux biens des bannis. L'héritage était sulfureux, objet d'opprobres selon les pouvoirs spirituels et temporels. Mêmes voix pour condamner. Mêmes mains qui se tendent pourtant, après avoir allumé les bûchers, vers les coffres et les actes de donation. La bête étant saignée, sa dépouille faisait des envieux. Chacun de ceux qui avaient craint avant d'accuser reçut sa part en regardant ailleurs. L'ordre des hospitaliers de Saint-Jean-de-Jérusalem — entre autres — hérita sans se plaindre d'un nombre considérable de bâtiments, dont ce domaine où le souvenir de leurs prédécesseurs leur laisse si peu de place que la plupart de ceux qui passent ici les ignorent. Cela, bien sûr, ne serait rien si le pli n'était pris et avec lui de sinistres habitudes. Car qu'importe les repentirs tardifs et les doutes des cardinaux, et peut-être de Philippe le Bel, les certitudes odieuses du Grand Inquisiteur. Qu'importe ce que l'on fit accroire à ceux qui s'inquiétèrent — mais furent-ils si nombreux ? — des manigances sordides de Guillaume de Nogaret, puisque ce printemps de Vienne ouvre en fin de compte, de façon éclatante, l'ère des procès politiques et du complot de bas-étage qui, pour nous, auront pour noms Moscou, Prague, Santiago du Chili.

Conséquence du ciel plombé ? De la pluie ? De ces idées qui roulent dans ma tête ? Notre départ s'accompagne d'un rien de mélancolie où, peut-être, l'appréhension de la journée a aussi son mot à dire. Longue prairie. Quatre chevaux trempés, robes zébrées de sombre par la pluie mais claires sous les ventres, nous suivent en dodelinant de la tête. Où s'abritaient-ils au plus fort de l'orage ? Petit sommet dégagé. Bien que nous n'en soyons guère éloignés, le Sauvage n'existe déjà plus, absorbé à son tour par la pluie cannibale... Lorsque le comte de Champagne fit part à Bernard de Clairvaux de son intention de rejoindre l'ordre du Temple, ce dernier lui écrivit en forme d'assentiment : « Si, pour cause de Dieu, tu t'es fait de comte, chevalier, et de riche, pauvre, nous te félicitons sur ton avancement.» Vivre en des lieux tels que celui-ci n'est sans doute pas aussi éloigné qu'il n'y paraît, de ce même état d'avancement.

Col de L'Hospitalet. Treize cents et quelques mètres. Rien de plus qu'une grosse bosse au milieu d'autres bosses, sinon que celle-ci commande l'accès à la vallée de la Limagnole. L'asphalte récemment refait brille sous la pluie, reflète un monde mouvant de taches grasses et bleutées, continents à la dérive que le pas désintègre. Ailes demi-déployées, deux corbeaux s'acharnent sur le cadavre d'un blaireau fraîchement tué à deux enjambées du fossé. Croassements, fuites précipitées vers la forêt où ils se confondent, noir sur noir, en attente. Rémission de l'averse, à présent ce sont les arbres qui, en s'ébrouant, font claquer nos cirés. Descendre, s'arracher de l'obsédante présence des sapins, sortir de cette pénombre moite, se couler, enfin, dans la pénéplaine qui offre souvent, surtout en cette saison, de très heureux contrastes de végétations. Marcher.

Très contemporaine chapelle Saint-Roch livrée à la hargne des vents équarrisseurs. Ici se dressait, entre les XIIe et XVIIe siècles, un hôpital pour pèlerins connu sous le nom d'Hospitalet du Sauvage, dont il ne reste d'autres traces qu'une fontaine, et ce petit monument sans attrait.

Descente rapide le long d'un affaissement rocheux. Plaines et plateaux s'ouvrent à présent devant nous pour au moins trois jours de marche. Point de jonction avec le chemin de grande randonnée n° 4 qui relie l'Ardèche au Cantal. Il y a cinq ans, à quelques jours près, nous nous sommes arrêtés ici, devant ce poteau portant signalisation des deux sentiers. G.R. 65. Le Puy soixante kilomètres. Dans la direction inverse. Conques cent quatre-vingts kilomètres. C'était un soir humide et doux, un soir de langueurs à l'heure où les grillons s'étonnent bruyamment de la durée du jour. Nous venions du village de Sainte-Eulalie, et je nous revois, en cet endroit précis, roulant dans nos têtes des flots d'images et de paroles, d'engagements et de projets avec cet aplomb péremptoire qui s'attaque, si souvent, à ce que l'on ignore. Sans doute, entre deux résolutions brouillonnes, prîmes-nous le temps de regarder le chemin filer vers le sud, disparaître dans un coude, happé par les balbutiements de la vaste dépression qui, partie de rien, bouscule vite les collines et la Margeride elle-même, pour offrir à l'œil saturé de forêts l'ennuyeux repos de la platitude. Plus que de regarder nous nous imprégnâmes assez des lieux pour savoir, aujourd'hui où notre vue se limite à une centaine de mètres, que tout cela s'achève, là-bas, très loin, sur le large trait d'aquarelle bleutée des monts d'Aubrac.

Le temps serait-il parfois évanescent ? Les mots qui nous vinrent aux lèvres, ce jour-là, à la pensée de Conques, nous servent à présent au rappel du Malzieu où nous allions alors et qui n'est distant de nous que de treize kilomètres.

Le ruisseau de Gazamas, dont on ne doit guère s'inquiéter d'ordinaire, se donne des airs en grondant comme un chat haret sur le chemin qu'il coupe. Peut-être prétend-il sur les caillasses, bouleaux et noisetiers, au droit des fleuves, lui qui, dans moins de deux mois, lorsque sera venue la saison sèche, s'épuisera, exsangue, dans un imperceptible frisottis de papier froissé. Ce matin il ordonne, lance des interdits en recouvrant les dalles de pierre qui servent à le franchir. Mais il y a près de deux heures que nous marchons sous le déluge, et pas mal de temps que, goutte à goutte, descendant des cirés, traversant les pantalons, imbibant la laine des chaussettes, l'eau s'est infiltrée au plus profond des chaussures. Dans ces conditions s'arrêter aux gargouillis du Gazamas deviendrait vite insupportable. Nous le traversons à grandes enjambées en parlant d'autre chose... Pourquoi pas de la pluie, justement, qui nous accompagne si souvent sur ces chemins de randonnée où la lecture de *Chemin faisant* de Jacques Lacarrière nous entraîna, il y a plus de quinze ans. Bien entendu nous n'avions rien oublié du voyage de Stevenson dans les Cévennes. Thoreau, Whitman, London et d'autres avaient encore bon pied bon œil dans nos souvenirs, et assez de voix pour nous accompagner de quelques phrases déterminantes. Les conseils eussent été sans doute plus utiles. Nous partîmes bille en tête, sans préparation, ignorant les règles d'orientation, l'organisation d'un sac, la simple lecture d'une carte d'état-major. Le résultat fut à la hauteur de notre inconséquence. Partis de Villefort, en Lozère, par les G.R. 12 et 7, nous capitulâmes sans conditions, trois jours plus tard, sur les pentes du Bleymard, après nous être perdus près d'un jour entier entre le col du Finiels et le mont Lozère. La randonnée n'était donc pas chose si aisée que pouvaient le laisser paraître les livres, mais tellement riche d'impressions, de découvertes et de rencontres que sur-le-champ, au cœur de la déroute, le pli en fut pris qui depuis demeure, intangible. L'année suivante nous vit mieux préparés, plus aguerris, cherchant à nous soustraire — sans grand succès — aux orages quotidiens qui ravinaient le Vercors.

En avons-nous connues depuis de ces journées de pluie ! D'orages en averses, de crachins en giboulées, marchant trempés à tordre, pénétrés d'une foi indéfectible dans l'éclaircie à venir, discernable de nous seuls, selon l'orientation des vents ou de leur absence.

Nous penchions pour un hameau mais c'est en fait un village assez conséquent avec de belles maisons fermées aux vents tournants d'où l'on nous regarde, parfois, de derrière les fenêtres, en relevant un coin de rideau. Cela s'appelle Le Rouget, du nom de la pierre qui servit à la construction. Un grès rouge oligocène de taille facile et robuste à l'emploi, dont nous suivrons la dispersion des veines, de faille en affleurement, jusqu'à Saint-Alban-sur-Limagnole… À Conques la pierre est très souvent rouge, la terre aussi, surtout dans les prés bas. On les désigne ordinairement l'un et l'autre sous le terme de rougier. Parfois, lorsqu'il pleut violemment, ou trop longtemps, sur le frais des labours, les fossés charrient une eau sanguinolente qui n'est pas sans rappeler les caniveaux d'abattoirs. Avec une rapidité étonnante le Dourdou s'empourpre à son tour. Certains n'hésitent pas à prétendre alors, oubliant l'orage ou les trois jours de pluie continue, « que c'est encore un coup du rougier ». La décrue laisse toujours derrière elle une pellicule de terre gluante, vaguement rougeâtre, rehaussée d'un rien de mauve, et constellée de mica qui s'écaille avant de disparaître au premier soleil vaillant. Rouget/rougier. Amusant comme la vision de l'un me conduit vers l'autre, et comme le moindre indice attise, chez moi, le souvenir de Conques…

Sans doute Prosper Mérimée se souvint-il, lorsqu'il découvrit l'église abbatiale de Sainte-Foy, du grand état de délabrement où il avait trouvé, trois ans plus tôt, la Madeleine de Vézelay. C'est du moins ce qui ressort du rapport qu'il adressa au ministre de l'Intérieur le 30 juin 1837. Persuasif, avec peut-être ce rien de condescendance toujours apprécié chez les fonctionnaires entreprenants, il sut obtenir ce qu'il sollicitait : le classement immédiat des quasi-ruines de l'abbatiale, et des subventions conséquentes pour entreprendre les premiers travaux de consolidation. Que dit-il du site et du village ? Au ministre, rien. À ses amis, peu sinon qu'il s'agit « d'un bourg presque inaccessible en raison des difficultés des chemins… ». Nul besoin de commentaires à ce qui vient d'être lu, toute l'originalité de Conques est contenue dans ces quelques mots.

Car c'est bien l'aspect sauvage, désolé et de haute solitude qui attira et retint en ces lieux, à la fin du VIIIe siècle, l'ermite Dadon… Un siècle plus tard nous savons que le simple ermitage s'est transformé en monastère. Cela ne suffit pas, on s'en doute aisément, pour adoucir le paysage dont le poète Ermold le Noir écrivit « qu'autrefois asile des bêtes féroces et des oiseaux mélodieux, ce lieu était resté inconnu de l'homme que rebutait son aspect sauvage… ». Effet de plume exagéré sans doute comme souvent chez les gens de lettres qui aimeraient bien nous faire croire que le monde ressemble, trait pour trait, à une vallée de misère. Autant de pessimisme n'empêcha d'ailleurs pas la vie d'aller son train puisque deux siècles plus tard « une ville importante était assise sur la colline, au-dessus du monastère » si l'on en croit le *Livre des miracles de sainte Foy*. Il est vrai qu'entre-temps un moine conquois s'était approprié, au détriment d'un monastère d'Agen, ville où elle avait été martyrisée en 303, les reliques d'une jeune vierge de quatorze ans : sainte Foy !

Pour être contestable, le vol des reliques entre ordres religieux n'en était pas moins fort répandu dans un temps où le moindre fait surnaturel déplaçait des foules considérables du fin fond des provinces. Des miracles, sainte Foy en fit suffisamment pour que l'on accourût vers elle d'au-delà des frontières.

Dès lors la cité ne pouvait que prospérer, l'âme en paix, des retombées économiques découlant d'un larcin dont elle aurait dû rougir. Pourtant, bien que considérable, cet essor fut insignifiant en regard de celui qu'apportera le pèlerinage vers Saint-Jacques-de-Compostelle. Ville-étape sur l'itinéraire du Puy, Conques allait accueillir, chaque année pendant des siècles, plusieurs dizaines de milliers de pèlerins. Trois grands abbés la doteraient alors d'un ensemble monumental exceptionnel, seul capable d'assurer son rayonnement spirituel et artistique sur l'Europe et de rivaliser à armes égales avec Notre-Dame-la-Grande de Poitiers, la Madeleine de Vézelay ou Saint-Sernin de Toulouse…

Trois grands abbés, Odolric, Étienne II et Brégon se succédèrent pour ordonner la construction d'une abbatiale, d'un cloître et de bâtiments conventuels. Sous l'impulsion des bénédictins, l'humble village devint la septième ville du Rouergue avec plus de trois mille habitants en 1341. Attirés par les vastes chantiers qui dominaient les gorges de l'Ouche, artisans et commerçants s'installèrent, tandis que les particuliers s'enrichissaient en hébergeant le flot ininterrompu des pèlerins. Devenue riche, Conques se dota de remparts et de portes fortifiées. Pour rien, semble-t-il, puisque la guerre n'y vint que sous forme de compagnies routières que l'austérité des lieux suffit à décourager. Le déclin ne vint pas des armes. Même si, en octobre 1568, une troupe protestante « y fit grand pillage, brûleries et saccagements, tant dans l'église Sainte-Foy que les édifices et maisons d'Icelle ». Non pas des armes, mais de fléaux semblables et qui vont souvent de pair, en sorte de connivence : les épidémies et la famine.

Ce fut d'abord la peste qui poussa les habitants pris de panique à l'abandon de leur ville. La suite est suffisamment connue, dérèglement du temps, inversion des saisons, récoltes insuffisantes, puis nulles... 1693... 1694... La quasi-totalité des provinces françaises sombrent dans une famine qui ne disparaîtra complètement que près de trente ans plus tard. Le pays meurt de faim. Le Rouergue n'échappe pas à la misère générale du royaume. À la veille de la Révolution, Conques ne compte plus que six cents habitants dont quatre-vingts sont invalides, et cent mendiants. Plus un seul commerce ! Et pratiquement plus de routes carrossables !

Dans ces conditions on ne peut s'étonner bien longtemps des commentaires de Mérimée parlant d'un bourg « presque inaccessible en raison des difficultés des chemins », ni de son étonnement lorsqu'il se dit « nullement préparé à trouver tant de richesses dans un pareil désert ».

Ses carnets le confirment, venu pour un seul jour à Conques, il y demeura trois. Cela réjouit, bien entendu, tous ceux qui savent ce que la cité lui doit. Sans doute s'y plut-il. Peut-être n'en partit-il qu'à contrecœur. Qui sait s'il ne se jura pas de revenir pour s'imprégner davantage du lyrisme de ces gorges austères et grandioses qui s'ouvrent aux yeux du voyageur comme « une conque » sur l'exceptionnel vision du village. J'aime à imaginer, moi qui marche en rêvant, à Monsieur l'Inspecteur général des Monuments historiques, bras croisés sur la poitrine, seul, tandis que le soir tombe, sur le site de Bancarel. À quoi pense-t-il alors, lui le sceptique dont la bague porte gravée la devise : « Souviens-toi de te méfier » ? À tous ces monuments ruinés, ou en passe de l'être, qu'il ne cesse de recenser à travers la France ? À Stendhal, l'ami fidèle, qu'il aimerait bien amener ici par un soir semblable, ou à cette cigarière, rencontrée à Séville, la jeune Carmen qui le rendra si célèbre dans tout juste dix ans ? Et puis, sait-on jamais, peut-être ne pense-t-il pas. Se laisse-t-il bercer par les vents venus d'Aubrac... Ou alors ronchonne-t-il, tout simplement, contre le mauvais hôtel où il est descendu. Que sais-je ?! Et qu'importe après tout si le père de Mateo Falcone ne mit jamais les pieds sur ce site de Bancarel où la vue sur Conques est si réputée. Le seul fait de le croire, ne serait-ce qu'un instant, le temps de quelques pas, rend la pluie moins pénible, pour ne pas dire étrangère.

Voilà ce que je me dis, me raconte, en marchant sous le déluge. Sol d'éponge, l'herbe regorge d'eau, le pied s'y enfonce, marque une trace noyée dans la seconde. Le chemin ruisselle de toutes parts, bruit à n'en plus finir du chant des cascades transitoires, de rigoles, de fossés en crue. Nous allons sous un ciel équivoque, où la nuit, par instants, avance des prétentions tout à fait déplacées. C'est alors, au plus profond de l'averse, tandis que nous avançons de guingois, tête penchée, regard au sol pour éviter le grain, que Gisèle commence, en modulant sa voix comme si elle s'en prenait aux éléments...

Le ciel était gris de nuages / Il y volait des oies sauvages / Qui criaient, la mort, au passage / Au-dessus des maisons, des quais / Je les voyais, par la fenêtre / Leur chant triste entrait dans mon être / Et je croyais y reconnaître Rainer Maria Rilke.

À mesure qu'ils se déploient, les vers, cadencés par la marche, gagnent en intensité... *Mais il est d'autres soldats en ville / Et la nuit, montent les civils / Remets du rimmel à tes cils / Lola, tu partiras bientôt...*

Miracle de la poésie, nous allons à présent tête haute, affranchis de l'intempérie, détachés, insensibles à ce qui se trame au-dessus de nous, libres comme seul le poème permet de l'être. Aragon, Apollinaire, Baudelaire, Cadou, Bérimont, d'autres, aujourd'hui et demain, après demain, pas un jour à venir où nous ne serons rejoints, accompagnés par ces poètes que nous pensions avoir oubliés, livre reposé, rangé, dans un meuble, là-bas, chez nous. Poèmes du plein bonheur ou de la grande peine, compagnons du temps qui fuit, beaux amis que l'on aime à redire, en regret ou par jeu, comme parfois l'on se souvient d'un nom, d'un visage ou d'une ombre. Ils seront là, fidèles, les plus connus sinon les mieux aimés, ceux qui toujours s'imposent, coulent de façon parfaite, et les autres, rétifs, mal retenus ou chahuteurs, qui passent dépenaillés, saignés d'une partie d'eux-mêmes, rapiécés d'à-peu-près, durement étrillés par la mémoire… En fait, sous une forme différente — encore que ! —, nous renouons avec la coutume de toute transhumance humaine qui impose, naturellement, à celui qui marche de chanter son pays, ses souvenirs, et ses espoirs. C'est une règle à laquelle on ne se soustrait pas dès l'instant où la distance à parcourir ennoblit le voyage du mystérieux pouvoir que la rupture apporte sur toutes choses. Et si la mémoire retient d'emblée les longues mélopées régimentaires, il n'en est pas moins vrai que chemineaux et colporteurs chantaient, eux aussi, peut-être à voix discrète, peut-être murmurée, les quelques phrases, complaintes et ritournelles qui effacent le mal, les distances et la peur. Les pèlerins chantaient donc, parfois en langues étrangères, de ces ballades et cantilènes qui embrument si bien l'esprit, des psaumes et des cantiques, ainsi que d'étranges litanies composées par les noms des lieux vers lesquels ils se rendaient. Chants scandés, martelés, braillés, gueulés, époumonés, repris à l'infini par d'immenses cohortes bigarrées et bruyantes annihilant l'espace par le seul fait d'appeler villes et cités qu'ils ne verraient peut-être pas.

La troupe de ceux-ci en croise-t-elle une autre. De ceux qui rentrent au pays munis de leur « Compostelle » qui les fera confrères à vie. C'est un épouvantable chahut qui secoue le pays tout entier. Joie du retour des uns, satisfaction pour les autres de constater que le saint patron veille, effectivement, à la survie de ses jacquets, on braille à qui mieux mieux, sans souci d'être compris, jusqu'à ce qu'un abbé, moine ou capitaine entame un chant d'action de grâces et que l'on se quitte en silence. Aujourd'hui, par-delà le temps et les apparences, c'est bien dans l'ombre de ces gens que nous allons, admis aux mêmes peines, partageant les rituels, jusqu'à ce chant sacré où se croisent nos voix : la poésie. *Est-ce ainsi que les hommes vivent / Et leurs baisers, au loin, les suivent / Comme des soleils révolus ?*

Sous les coups de colère d'un vent frais et instable, la pluie nous a quittés alors que nous arrivions en vue de Saint-Alban. Depuis nous marchons sous un ciel changeant comme il en est en Bretagne. Peu de monde dans les rues de cette ville où nous sommes passés à plusieurs reprises quelques années plus tôt.

Grande rue, rue de la Tourelle, le chemin s'arrête, comme il se doit, sur le parvis de l'église romane. En quittant le Sauvage nous pensions faire étape ici en cas de grosses difficultés. S'arrêter ? Poursuivre ? Se restaurer avant toute décision ! Quatre ou cinq marches de granit et on entre dans le restaurant. Un de ces établissements qui ne paient pas de mine mais dans lesquels on se sent bien en toutes circonstances. En fait une grande salle avec une bonne quinzaine de tables où les couverts attendent sagement le client, exactement ce qu'il nous faut ! La cuisine est au fond de la pièce, face à la porte où nous nous trouvons toujours. Attente. Là-bas, à l'opposé, un homme s'affaire, qui nous voit en faisant l'absorbé. Il va, vient, jette un œil sur la salle, repart. J'appelle une fois, deux. Avance de quelques pas. Cela le décide à sortir de sa cambuse. Manger ? À cette heure ? Non ! Midi moins le quart. D'accord, nous reviendrons, juste le temps de revoir l'église, son abside surtout, si typique, les chapiteaux, enfin nous reviendrons dans une demi-heure, quoi... Laisser nos sacs ? Là, dans le coin, près de la porte ? Vous n'y pensez pas ! Il tourne autour d'une table en s'essuyant les mains à son tablier, regard fuyant. En fait il fixe le sol où nos cirés dégoulinent. Manifestement ça le gêne. Pas tellement pour le parquet qui en a vu d'autres, mais pour l'ensemble, notre allure, cette façon de s'incruster, d'insister, comme si. Non ! Cela fait le compte. Dehors ! Sans doute pense-t-il à nous mettre dehors, mais il n'ose. Sait-on jamais ? Sa femme arrive. Une brune assez piquante, pomponnée de frais, l'œil vif. C'est elle qui commande ici, cela se voit. En fait une pète-sec qui doit régenter la cuisine et le bar, sourire aux clients en les appelant par leurs prénoms, et se plaindre toute la semaine des fournisseurs, du fisc, du temps, et même des étrangers qui parfois gravissent ses marches pour solliciter, non mais, le droit de se restaurer chez elle ! Que se passe-t-il ? Un peu figé par la vision des flaques d'eau, le sourire est encore de rigueur, mais juste ce qui convient quand on tient commerce. Il explique. Elle nous dévisage en retenant mal une pointe d'ironie, et s'en va en lui disant qu'elle n'a pas de temps à perdre et que ça le regarde lui. Lui, justement, ne se décide pas. J'insiste, par jeu, pour le gêner un peu plus, pour rien en fait car je sais que sa décision est prise. En changerait-il que c'est nous qui refuserions. Pour le principe ! Enfin la sentence tombe : c'est non ! Ni maintenant, ni plus tard. Non c'est non !

Dehors il pleuviote de nouveau. Pas question de se contenter, comme à l'ordinaire, de quelques fruits secs, tomates et morceaux de fromage. Il faut trouver un endroit où l'on nous acceptera avant de repartir. Car cette fois la question de rester ne se pose même plus, quel que soit le temps nous devons rallier Aumont. Alors nous traversons la place, descendons une rue l'œil aux aguets, l'estomac en détresse. Derrière la vitre embuée d'un bar quelques consommateurs, verres en mains, nous font des signes, ouvrent la porte, aident ma femme à se défaire de sa cape, du sac. Vous venez de loin ? Du Sauvage ! Par ce temps ! Boudiou. Un verre de vin rouge se tend. Nous trinquons. Ouf ! Nous sommes bien en terre d'accueil !

Il pleut toujours lorsque nous repartons. Pas grand-chose, mais assez pour retremper le peu que nous avions gagné près du poêle. Cette fois Aragon, Cadou, Apollinaire et les autres nous ont laissé tomber. Restés, peut-être, autour du bar, dans l'église ou sous le pont de pierre qui tentait d'étrangler la Limagnole égarée sur ses rives. Sans doute n'avaient-ils plus assez d'allant pour nous accompagner sur ces quinze kilomètres boueux qui nous restent avant l'étape. En fait, tous ceux qui fréquentent tant soit peu les poètes vous le diront ; tous sont d'ombrageux personnages qui, sous des allures bon enfant, se rembrunissent pour des riens, un mot de trop, des suppositions, eh oui ! Comment ceux-là, compagnons des chemins crottés, auraient-ils pu supporter sans dommage la mine chafouine du gâte-sauce de Saint-Alban et sa porte grande ouverte ? Comment pouvaient-ils accepter, eux princes en rupture de ban devant qui les plus grands de ce monde s'inclinent, d'être chassés non par le refus franc, claquant, honorable, mais par le regard torve de l'hypocrisie la plus crasse ? Non, point trop n'en faut ! Nos poètes, ce jour-là, désertèrent nos esprits et nos voix et, sans souci de l'amertume qu'ils nous causaient, nous regardèrent nous enfoncer un peu plus loin dans les monts de Margeride.

Quelle leçon que ce refus prononcé sur l'apparence ! De telles expériences sont forcément salutaires pour nos vies aseptisées, ruisselantes d'honorabilité, confortées par un nombre étonnant de statuts de toutes sortes, et sur l'instant ruinées par le premier venu qui doute, se méfie, nous assimilant au passage à des gredins qui, peut-être, profitant d'une faiblesse usurpée, ne tarderaient pas à se révéler voleurs ou incendiaires. Pas de ça chez moi ! devait ressasser celui-là en se frottant les mains dans son tablier. Mais nous, qu'aurions-nous pensé à sa place ? Combien de fois avons-nous déjà rejeté l'autre sur sa différence ? Combien de fois avons-nous craint l'étranger sur son aspect physique, quand ce n'étaient sa couleur ou sa langue ? Facile la première pierre ! Mais la seconde ? Celle qui brûle déjà la main ? Facile de philosopher sur le droit à la différence tant que celle-ci ne vous désigne pas comme le mouton noir de la bande, le traîne-savates, l'éternel voleur d'œufs ! Sortis de l'étroit périmètre de respectabilité où nous semons nos certitudes, nous ne pesons pas bien lourd aux yeux des autres, et ni Kerouac ni ses clochards célestes n'y peuvent alors grand-chose…

Une fois encore l'espace en se refermant derrière nous va gommer cette scène qui deviendra vite aussi risible que les mots de la lettre que je me promettais d'adresser au maire de Saint-Alban. Comme si…

Hameau de Grazières-Mages. Nous recommençons à monter et descendre quelques grosses bosses jusqu'à Chabannes-Planes où le plateau rend la marche plus aisée. À la sortie de Chabannes, en léger retrait du chemin, une fontaine couverte datée de 1794. Dans le mur de celle-ci, une petite Vierge noire attend que ceux qui passent suspendent leur trajet, fassent l'écart, viennent à elle et succombent à son charme insolite et troublant. L'Auvergne est, aujourd'hui encore, la région de France où le culte des Vierges noires demeure le plus important. J'ignore si ce phénomène s'explique de quelque façon, et à la limite je m'en moque. Ce qui m'importe ici, dans la fascination que celle-ci exerce sur mon esprit, appartient à l'irrationnel et ne saurait donc se satisfaire de certitudes à l'emporte-pièce.

Étrange et sombre effigie où ma mémoire s'affole, ne seriez-vous pas, Marie, proche parente de cette Cybèle, fille du ciel, déesse de la terre qu'honoraient les Grecs et que les Romains révéreront plus tard sous les traits de Rhéa ? Et pourquoi pas cousine de Sarah d'Égypte ? Sarah la Gitane ? La noire ?... D'ailleurs, la foule haineuse qui vous conduisit au bûcher du Puy-en-Velay, de Josselin ou de Chartres, ne criait-elle pas : « À mort l'Égyptienne » ? Déesse de la terre, la plupart d'entre vous furent, dit-on, désenfouies, très souvent par des animaux, des bovins mâles, surtout. — Vague descendance du Dieu Apis ? — La terre encore, réceptacle des enfers et de la mort, mais aussi symbole éternel de la résurrection régulée de la nature qui, faute de vous imprégner réellement de ses teintes telluriques, vous légua parfois son nom. Notre-Dame de Sous-Terre ou la Benoiste Dame Souterraine, ou celui de l'un de ses produits : Notre-Dame de la Roche, de la Pierre, des Trois-Épis, de la Bonne-Mort.

Étonnantes Vierges noires qui suscitez, dans un même élan passionnel, l'amour le plus transcendé et la haine frénétique. Vous que l'on couvre, statues de bois, de manteaux de laine et de velours. Vous que l'on brûle comme les sorcières, sur des bûchers publics, que l'on fait décapiter par des bourreaux masqués. Quand nous confierez-vous enfin le secret de vos origines ? Car savoir que sous le noir vous êtes polychromes n'explique rien. N'aurait-on pas tout simplement voulu vous différencier des Vierges blanches ? Et alors, pourquoi ?

Le fait que celle-ci veille sur une fontaine ne fait que confirmer l'imbrication de ce culte dans la civilisation rurale européenne. Réminiscence probable d'antiques superstitions ? Débris de religions païennes ? Reste que souvent la sculpture en ronde bosse donne à ces statues un air étrange, dérivé de l'art celte, avec ce je ne sais quoi de démesurément vide dans un regard trop grand. Constat qui n'est jamais sans me faire penser à cette Vierge romane, non pas noire celle-là, mais également en majesté, hiératique et troublante : sainte Foy de Conques !

J'ai dit troublante et je m'y tiens. Couverte de cabochons d'émeraudes, rubis, agates ou améthystes, ruisselante d'or et d'émaux, parée comme une princesse des steppes, elle me sembla, lors de notre première rencontre, un rien grotesque et pour le moins barbare. Depuis les choses se sont arrangées et sainte Foy me semble belle, de cette beauté un peu rustre du premier âge roman, balbutiant quelque peu, comme les enfants riches de promesses.

Au Pont-des-Estrets, la Truyère, grosse de ses affluents, bouillonne, emportant dans ses flots terreux touffes d'herbe et plantes aquatiques, arrachées aux berges. Commanderie des hospitaliers de Saint-Jean-de-Jérusalem contrôlant les passages de la route et de la rivière. Plus loin le pont de l'octroi sous lequel l'eau s'engouffre avec un bruit de papier déchiré. Il pleut toujours, de façon très douce, une pluie fine venue de nuages de plus en plus inconsistants. De temps à autre le soleil joue dans les flaques, dessine des ombres sur le sol, annonçant l'éclaircie avec beaucoup de retenue.

Longue draille boueuse puis caillouteuse, difficile aux pieds qui glissent. Forêt en cours d'exploitation ou percement d'une route ? Troncs brisés, arbres bousculés, déracinés, empilés, gigantesque tas de souches abandonnées sur le bord du chemin, paysage de cataclysme, on se croirait à Verdun dans les années vingt… Plus loin nous croisons des engins mécaniques à l'œuvre, chars d'assaut civils, à peine différents des autres dans leur passion du meurtre.

Traversée de l'ancienne voie gallo-romaine d'Auvergne qui reliait Javols à Clermont. Celle que nous avons déjà croisée et qui rejoint, quelque part en forêt, celle d'Agrippa.

Rues du Barri-Haut et de l'ancien Chemin Royal, place du Portail ou de l'Hôtel de Ville, avenue de Peyre. Désagréable impression que tout cela ne finira jamais, que la ville s'étire au-delà du convenable, qu'à mesure que nous avançons le gîte se dérobe. À première vue Aumont-Aubrac ressemble, non par son type de maisons mais par leur disposition le long d'une voie principale, à ces cités américaines de la ruée vers l'or. Seconde déception de la journée, le gîte spacieux et très récent est d'une saleté étonnante, les hôtes guère plus aimables que ceux de Saint-Alban. Heureusement nous connaissons assez le pays pour savoir que celui-ci n'est pour rien dans cette humeur chagrine de gens qui commercent, quand même, dans l'accueil… Le temps, sans doute, ou des soucis ? Non, le temps effectivement. Ah, ben, évidemment, pour sortir avec cette flotte, il n'y a que les escargots et les Bretons ! C'est votre truc, ça, vous m'en direz tant ! Du coup il rigole derrière son comptoir, satisfait d'avoir trouvé quelqu'un qui puisse l'exorciser de cette journée de Toussaint. En fait il ne rit pas aussi longtemps qu'il l'aurait sans doute souhaité, assommé d'apprendre qu'il pleut plus en Auvergne que chez nous, et qu'à l'heure où nous parlons certains départements bretons redoutent le rationnement d'eau. Je finis mon verre comme je l'ai commencé, seul en face d'un mur qui, par instants, ronchonne en rallumant sa cigarette.

Petite alimentation tout au bout de la grande rue. L'épicière est avenante. Les marcheurs, elle les connaissait, vous pensez, d'avoir elle aussi tant trimé sur les chemins ça crée des liens, bien sûr. Aller, venir, ah, la, la, elle avait tant et tant marché. Tous les jours pour le travail, et même le dimanche, pour le plaisir cette fois. Mais, tout compte fait, ça reve nait au même. Heureusement d'ailleurs qu'elle en avait profité, parce qu'aujourd'hui, avec ses jambes, il n'en était plus question. Vous comprenez ? Je comprenais. Elle rit, heureuse de la connivence... Elle nous avait vus passer devant chez elle. S'était dit que ceux-là allaient au gîte. Pas vrai ? C'est qu'elle avait l'œil. Hein. Et le temps aussi. Et puis une habitude à regarder la rue. On devine parfois autant qu'on voit. Si ! Sa boutique : le désordre suranné des anciennes épiceries de campagne où les lacets de chaussures, jarretelles de corset ou bandes Velpeau côtoient les sacs de haricots secs, le lard fumé et le grand seau de confiture dans lequel, parfois, l'abeille se fait piéger. Plaisir violent de retrouver intactes les odeurs que le temps accorde toujours aux choses dormantes. La femme, elle, avait cette bonhomie joviale qu'ont souvent les grands-mères dans les livres d'enfants. Et vous allez loin comme ça ? À Conques ! Holà, ça fait encore du chemin, dites donc ! Je commande tomates, pruneaux, une livre de cantal. C'est qu'il est bon celui-ci. Vous m'en direz des nouvelles. Enfin, si vous repassez par ici, bien sûr, autrement, hein, n'allez pas m'écrire. Elle rit de bon cœur comme elle doit en avoir l'habitude avec ses clients. La pluie, les nuages, elle, elle s'en fout parce qu'elle sait que le soleil revient toujours et que le temps qui passe doit être mis à profit quelle que soit sa couleur. Pas pressée de me voir partir, trop heureuse de pouvoir parler, rompre le silence du magasin où, vers le soir, les étagères de bois doivent craquer un peu. D'où je viens ? La Bretagne ! Saint-Malo ! On mange bien, dites donc, chez vous, le club du troisième âge y est allé, l'an dernier, vous me croyez si vous voulez, des crustacés tous les jours. Elle répète deux fois tous les jours, avec le regret d'avoir raté le coche. Entre une femme. Vague air de ressemblance. Peut-être la sœur. Peut-être pas. L'épicière abandonne son couteau dans le fromage. « Alors ? » « Alors, il a passé ! » « Non ! » « Si ! » « Quand ça ? » « Y a pas une heure ! » « Ah, ben dis donc, moi qui pensais aller le voir ce soir ! » « Ça ne te prive pas d'aller ! » « Bien sûr que non, mais c'est plus pareil quand y a plus rien à dire » Puis, revenant au fromage et s'adressant à moi : « C'est le voisin qui vient de passer. On s'y attendait bien un peu, remarquez, mais ça surprend toujours quand même. » Court silence. L'autre femme, la sœur, me regarde à la dérobée, il va de soi que je l'intrigue. Grosses chaussures, pull de laine épaisse, pantalon de treillis, le tout crotté comme chien de pâture. Gendarme ou mercanti ? Mercanti, bien sûr, les autres savent se tenir toujours impeccables, même quand il pleut, et puis, les barbus, chez eux. Non ! Elle, piquée près des cageots de légumes, à l'étroit dans sa gabardine gris-bleu, une main enfouie dans la poche, l'autre passée à plat entre les boutons du vêtement pour mieux contrôler le poids du sac qui pend à la saignée du coude. Pas d'âge, pas de formes, ni sans doute de récriminations. Peut-être pense-t-elle déjà aux obsèques, aux fleurs qu'il faudra commander, à moins que des messes… L'épicière pesant mon cantal.

« Si l'on m'avait dit qu'il allait passer comme ça ! »

Ici l'on vit encore dans le partage de valeurs communes fortement enracinées. La mort n'a pas perdu son caractère de sociabilité. Sans doute meurt-on chez soi plus souvent dans ces pays rugueux que dans les villes. On meurt, accompagné des siens, ou de ses proches, comme cela se fit pour le grand-père et les autres, sans simagrées, dans la communion des vivants qui vont et viennent parce qu'il faut bien bouger pour habiter sa peine, et parce qu'il n'est pas bon de fixer trop longtemps les regards qui se voilent. La mort ici, même redoutée, crainte, haïe n'a jamais été considérée comme étrangère. On la savait trop présente dans l'ombre des jours. On l'a trop vue à l'œuvre en des heures où nul ne la devinait si proche. Alors on fait avec et le langage reflète bien ce sentiment d'irrévocabilité consentie. D'un mort on dit « qu'il a passé ». Le mot semble fort, juste, adapté, moins hypocrite que les acrobaties modernes qui veulent que « l'on s'en aille... » que « l'on quitte... ». Hasardeuses métaphores vides de sens qui recouvrent si mal l'angoisse des vérités premières. Non citée pour ce qu'elle est, la mort rejoint la vieillesse et les infirmités, dans l'affadissement voulu d'un vocabulaire que l'on pense — à tort — rassurant parce que tronqué. Sans doute avons-nous besoin de ces artifices pour combler, tant soit peu, le vide métaphysique qui nous assaille depuis si longtemps et face auquel nous avons abdiqué les devoirs de conscience et d'abnégation enseignés par ces messieurs de Port-Royal.

Elle serait bien surprise cette femme qui ressasse son étonnement en dodelinant de la tête, si je lui disais que son « il a passé » me fait penser au mot du maréchal de Gramont qui, au chevet de sa fille, madame de Monaco, lui dit en guise d'adieu « qu'il fallait savoir plier bagage ». D'autres disent « savoir plier son camp », ce qui conviendrait certes mieux à un tel briscard, mais Bussy-Rabutin, dans une lettre à sa cousine, madame de Sévigné, s'en tient à la notion de bagage, ce qui, dans un sens, revient au même.

Sans doute aurait-il été facile de prolonger l'instant, pour le plaisir d'apprendre, d'écouter, de dire des banalités pétries de bon sens avec, toujours, cette tournure qui fait que le vraisemblable devient vite avéré. Mais il y avait la fatigue, la pluie de nouveau menaçante et le gîte si lointain. Dernière question devant la porte ouverte. C'est où au juste où vous allez ? L'Aveyron ! Ah, nous, ici, c'est la Lozère. L'intonation a soudain perdu de sa vigueur. Fatalisme ? Nostalgie de l'ailleurs, ou simple lassitude ?

Fadasse et tristounet ; le repas du soir est en tout point semblable au gîte. Mais il y a la bonne humeur de Gisèle résumant sa lecture de *Garce d'étoile* de notre compatriote Hervé Bellec, récit haut en couleur, dont le style n'est pas sans rappeler Kerouac, qui retrace le périple pédestre Brest-Saint-Jacques-de-Compostelle, entrepris sur un pari et poursuivi comme un gage. Rien de plus communicatif que le rire quand les nerfs se relâchent. Nous pouffons, moi de voir les mines de ma femme, elle de m'entendre m'esclaffer. Qu'importent alors les regards consternés des tables voisines, le veau insipide et les sempiternelles lentilles au jus, nous rions, haut et fort, comme des rustres, sans souci des autres, du temps et de nos lendemains, libres… Comme les chemins qui nous attendent.

V

Montgros

> Et je suis
> toujours sur le chemin
> celui qui cherchait l'espace.
>
> Yves Prié,
> *Un jour sans importance.*

Réveillé par le soleil. Il n'est pas six heures. Souffle régulier de Gisèle. Dormir de nouveau. Au loin un train siffle à plusieurs reprises. Pas dans les escaliers, une Mobylette démarre dans la cour. Sommeil… Rêve… De drôles de maisons de bois couvertes de chaume. Nous en approchons par une route de terre qui semble s'achever là. Longue jupe noire, corsage blanc à manches et collerette, une femme, coiffée en rouleaux, nous attend. Sensation d'évoluer dans un autre temps. À notre approche la femme vient vers nous, nous embrasse. C'est Yolande. Vous voulez voir Jacques ? Elle nous entraîne dans une forge. Tablier de cuir, outils en mains, Jacques est là, devant le feu. Silences réciproques. Une silhouette sort de l'ombre. Mon nouvel apprenti, nous dit Jacques en poussant l'autre devant la porte. C'est Bob Dylan ! Non pas le quadragénaire un peu alourdi d'*Infidels*, mais l'adolescent au regard fiévreux que nous révéla la photo un peu floue de la pochette de *Blonde on Blonde*. Un jeune homme qui aimait sans doute jouer les collégiens prolongés, avec sa tenue défraîchie et l'écharpe libre qu'affectionnaient les romantiques. Assurément quelqu'un de pressé, d'effronté, dont il y avait à craindre, surtout en société comme, en d'autres temps, on dut se méfier de son cousin par alliance : Rimbaud, voyou de Charleville... Mais, c'est Dylan ! Dylan ou pas, me répond Jacques, je peux te dire qu'il ne sait rien faire. Bon à rien ! crie-t-il vers la porte vide. Pétrifié, je voudrais parler, expliquer la maldonne, sortir, rattraper le fuyard. Je vais crier, je le sens, hurler comme une bête, ameuter la terre entière... Bruits de pas, aboiements de chiens, là, tout près de ma tête... dans la cour où des hommes poussent une voiture en panne. Il est six heures et demie, nous nous levons.

Sortons d'Aumont par des rues à peu près désertes, sinon quelques ouvriers vers la gare. L'alimentation où je suis venu hier soir est fermée. Dommage, j'aurais bien aimé saluer cette femme, lui souhaiter le bonjour sur un ton enjoué avant de refermer la porte pour marcher vers le sud, cet Aveyron si proche et si lointain, où elle n'ira jamais.

Sur les hauteurs, après avoir traversé une suite de prairies humides, un bois fortement pentu, nous arrivons au milieu d'une colonie de lapins de garenne qui se sauvent en tous sens, affolés par notre brusque intrusion. Valse des culs blancs, deux ou trois intrépides tentent de se dissimuler derrière des touffes d'herbe, oreilles collées au corps, rassurés. Amusants. Cela me rappelle ce que me dit ta mère la première fois que je vins chez toi, à Saint-Servant-sur-Oust. Jeune enfant tu refusais l'école et te sauvais, à chaque récréation, pour t'abriter, dans le champ voisin, derrière le tronc d'un pommier qui n'avait pas encore porté de fruits. Chaque fois la même fugue, le même tâtonnement dans l'apprentissage de la liberté.

Champ en lisière d'un bois. Deux paysans dessouchent, creusent à la pioche. Un cheval attend en broutant. « C'est lui qui va faire le plus dur, nous on dégrossit. » Je leur demande l'heure. Vous n'avez pas de montre ? Si, mais dans le sac ! Ah, bon ! Et le jour ? Vous savez quel jour nous sommes ? Je cherche un peu. Non… Drôle d'impression, sorte de vide, d'absence de repères. Mais après tout les calendriers sont-ils si sécurisants ? Mercredi ? Non, jeudi. Y a longtemps que vous marchez de la sorte ? Quatre jours ! Ah, cela fait peu, en effet. Vous pouvez rester nous donner la main si le cœur vous en dit. On en a pour la journée et demain il fera jour. Je décline l'offre, reprends la marche. Arrivé au sommet de la côte je me retourne, deux bras se lèvent en lisière de forêt. Je salue à mon tour avant de me diriger vers un hameau où déjà les chiens aboient sur ma femme.

En fait c'est toujours à la petite alimentation générale-articles en tout genre que je pense, avec ce rien de mélancolie qui nous saisit parfois devant l'impuissance où nous sommes de modifier le cours des choses. Ainsi ce grand paon du jour, venu se poser près de nous, un soir d'octobre ou de novembre, qui, après avoir ouvert et refermé à plusieurs reprises ses admirables ailes où l'ocelle esquissait un œil, tomba de la branche, feuille parmi les feuilles d'un automne alangui. L'émotion que nous causa ce trépas fut égale à la joie dans laquelle nous étions plongés la seconde précédente. Depuis, chaque rencontre avec l'un de ces papillons, surtout vers la fin de l'été, lorsqu'ils butinent en nombre sous les arbres fruitiers, me ramène à la fin chatoyante de celui-ci. Peut-être d'Aumont-Aubrac ne garderai-je, dans les années à venir, que le souvenir attendri de cette épicerie au parfum suranné des jours d'attente.

Soleil, chaleur, l'été pousse sa corne, la terre fume d'abondance, embaume. Mélange d'herbes trop mûres et de bois mort, relents de résine et d'aubépines, la voilà bien la campagne que j'aime et qui me grise. Celle qui, chaque année à pareille époque, réveille en moi l'enfant de l'octroi et des faubourgs, silencieux et sauvage, peut-être un peu fragile, soudainement conquis, émerveillé par les secrets de l'eau et de l'insecte, la grande bonté du chemin creux, l'univers des talus. Plus tard on me dira qu'il fallait fuir la ville où l'on mourait, par surprise, sous sa maison, que seule la campagne offrait un semblant de sécurité, et qu'à tout prendre, dans le pire des cas, on pouvait au moins y manger à sa faim. Qu'importe ce qu'on me dit encore puisque l'homme d'aujourd'hui ne se souvient que de l'extraordinaire bonheur de cet enfant veillant, des heures durant, devant une mare, découvrant le miracle des nids, apprenant la longue patience animale, s'imprégnant de signes définitifs.

Certes les étés de l'enfance sont doux et beaux, chatoyants, volubiles, et tous en possédons d'admirables qui, si nous les laissions faire, nous réduiraient à rien à coups de vague à l'âme. Celui-là fut, en plus, déraisonnable comme jamais, du moins me semble-t-il pour l'avoir revisité dans les livres, et tellement généreux que longtemps, plus tard, mon père s'en étonnait encore. La guerre à sept ans se résume à des pas grand-choses traversés de frayeurs ponctuelles sans enjeux apparents… Reste le souvenir de ces jours interminables et de cet inébranlable soleil qui desséchait la terre avec un entêtement forcené. Je revois mes parents, père et mère, frère et sœur, le soir devant la masure où nous étions hébergés, les voisins venus eux aussi de la ville, plus rarement les fermiers mais toujours leurs enfants de mon âge ou peu s'en faut, le vol des hirondelles et ce petit garenne blessé par la faucheuse, qui s'enfuit une nuit de la caisse où il était soigné. Je revois aussi un cheval mort pour lequel les hommes creusèrent une fosse, ce prisonnier que l'on menaçait de pendre, assis dans le fond d'une grange, la peau noire des premiers Américains, les quenouilles de roseaux dont je me faisais des sceptres, les carpes de l'étang où mon frère traquait la poule d'eau.

Fragments diffus d'une fête vécue à la hauteur du blé, il fallait bien que tout s'ordonne. En août nous regagnâmes la ville au milieu de convois militaires qui, pour un temps, atténuèrent mon chagrin d'avoir quitté l'Éden. Ainsi l'été, le vrai, l'unique, le sauvage, celui qui se tenait en campagne, pouvait se perdre sur la seule décision des adultes ! Rude épreuve dont j'avoue ne m'être jamais très bien remis, et qu'aucune visite à la Louvinais — ferme initiatrice de tant de voluptés — ne pourra désormais guérir.

Notre marche à présent n'est plus tout à fait une marche. Plutôt une plongée dans le temps et l'espace, une sorte d'errance flâneuse sujette aux désirs les plus fous de s'approprier, comme autant d'instantanés, la nature qui nous entoure. À peine avons-nous cueilli quelques fraises des bois que nous cherchons dans les talus des nids de fauvette ou de bruant, avant d'admirer mélisses, jacinthes et digitales pourpres, l'empoisonneuse « berlue » de notre enfance.

Au village de La Chaze-de-Peyre, mon rêve s'efface selon la tradition en parlant de Yolande et Jacques

Thouroude qui chemineront assez longtemps à nos côtés. D'autres suivent, amis du long partage, solides eux aussi, familiers, ceux que l'on peut qualifier sans crainte du noble terme de compagnons. Ces quelques-uns dont la présence rassure par-delà les distances et l'incertitude. Ceux du geste pesé et de la confidence qui, parfois, nous connaissent assez pour terminer la phrase, deviner les tracas, partager la douleur, préserver le silence. Ceux-là naîtront de notre bavardage sur un mot, au rappel d'une vague situation en ces lieux surprenants : carrières de granit abandonnées aux ronces, un village, une route sablonneuse bordée de genêts en fleurs. Ils naissent et s'imposent, invisibles et présents, tellement vivants que, par instants, il me semble entendre leurs pas accompagner les nôtres. *Au bois d'Vincennes / Y a des petites fleurs / Y a des petites fleurs / Y a des copains / Au bois d'mon cœur / Au bois d'mon cœur.*

Et tout cela se passe sur les très anciennes terres des puissants barons de Peyre qui eurent en leur temps assez d'amis pour comprendre et pardonner nos chants quelque peu séculiers sur ce chemin pavé d'hosannas. Décidément, comme ces matins d'été sont enivrants !

Derniers sursauts de Margeride, quelques futaies éparses de pins sylvestres, la plupart du temps rabougris, cèdent le terrain au foisonnement des myrtilles et au buis. Dans les trouées de plus en plus nombreuses, l'Aubrac se devine. Gisèle chantonne comme toujours, lorsque nous allons de la sorte, l'une de ces interminables complaintes dont elle raffole. Sur mes lèvres, à peine murmurés, les mots de Dylan s'égrènent. *How many roads must a man walk down / Before you call him a man?* Effectivement cher vieux hobo, combien de routes un homme doit-il suivre avant d'être réellement un homme ? Sur mes lèvres les mots, dans ma tête les accords de guitare sèche, la voix râpeuse, nasillarde, version des plus authentiques du maître ; festival de Newport, juillet 1963, un *Blowing in the wind* repris, porté par le chœur enfiévré de quarante-cinq mille officiants, dix fois moins qu'à Woodstock, six ans plus tard, sans doute, mais la naissance d'un mythe dont l'Amérique repue et toute-puissante se serait bien passée. C'est que l'armée hétéroclite de « protest singers » qui, dans l'ombre de Woody Guthrie, brandissait des guitares assassines, venait d'élire son chef par acclamations, comme au meilleur temps de la boucane. Les plus anciens y virent l'incarnation du prophète ou de l'ange exterminateur, ce qui n'était pas rien. D'autres parlèrent, à mots couverts, du Harar d'où, fatalement, reviendrait tôt ou tard le poète naufragé des *Illuminations*, et voyaient, dans celui-ci, son frère. Lui avait à dire et le fit savoir. Très vite. Reçu, sept ans plus tard, docteur en musique de l'université de Princeton, Dylan, qui n'avait pas trente ans, s'entendit qualifier « d'authentique expression de la conscience troublée de la jeune Amérique »... Selon un journaliste perspicace, « ce jour-là inaugura l'ère du paradoxe. Ce fut un peu comme si le Vietcong décorait Nixon pour lui avoir fait la guerre ». À présent les mots se bousculent sur mes lèvres, couplets, refrains. *Vos enfants ne sont plus sous votre autorité / Sur vos routes anciennes / Vos pavés sont usés...* Surprise ! le sol se dérobe et je m'embourbe jusqu'aux genoux dans les rives traîtresses du minuscule ruisseau de la Planète (!) avant d'atterrir cul par-dessus tête dans les barbelés où je m'ouvre les mains. Arrêt pansement sur la dernière lisière. *For the times they are a changin'g.* L'horizon se déploie comme un cri de busard, nous sommes sur le plateau d'Aubrac.

Pays de vent que rien ne contredit, les arbres ici se comptent facilement. L'abondance de murets de pierre sèche, seules verticalités dans l'immense platitude, l'absence de constructions, de haies, de végétation haute, n'est pas sans faire penser au Connemara. Mais il y a le ciel trop pur, trop vide, sans la moindre trace de nuage, et, surtout, l'absence définitive de la mer ou de son souvenir. On se trouve ailleurs, dans l'accomplissement d'autre chose et c'est heureux. Fascinants monts d'Aubrac si méconnus qu'on ne sait dans l'instant vous fixer sur la carte, négligés du tourisme, rudes au-delà de tout et craints en conséquence, mais tellement beaux que vous méritez d'être absous, d'entrée de jeu, des misères dont vous chargez le monde qui vous côtoie.

Réputé par l'histoire fossoyeur de pèlerins égarés, l'Aubrac est, dit-on, toujours capable de tuer, sans intérêt ni plaisir, mais parce que c'est ainsi et qu'il faut bien entretenir une réputation que du reste on n'a pas choisie. Que l'Aubrac soit d'un commerce délicat est une affaire entendue. De là à le revêtir des oripeaux du spadassin trop souvent avancés dans les faits divers, il y a une marge importante sur laquelle il vaut mieux se tenir. Jamais en reste pour noircir le tableau, rumeurs, légendes et superstitions se bousculent pour déposer plainte, amener des soupçons de preuves, effrayer. Ainsi, sous l'Empire, un régiment entier — hommes, chevaux, canons — y aurait disparu, avalé par le blizzard, volatilisé au point que rien, jamais, n'en fut retrouvé ! Doutez-vous du fait que l'on vous parle de ces dizaines de cadavres, recensés ceux-là lors de la fonte des neiges, chaque année, depuis que les registres existent. Et puis l'on se souvient toujours ici qu'au début de ce siècle les facteurs ne s'engageaient sur le plateau, durant les mois noirs, qu'à deux, armés, et pourvus de vivres…

Ainsi, de génération en génération, se transmettent, dans le secret des fermes du haut pays, de terribles mises en garde dont il convient de ne jamais contester le bien-fondé sous peine du pire. D'ailleurs, qui voudrait tordre le cou aux mythes alors que nos imaginaires s'en gorgent au quotidien ?

Cette fois nous sommes bien sur les terres déshéritées d'Aubrac, escortés par « le grand vent de la marche et de l'occident agenouillé » dont nous parla Guy la veille de notre départ. Phrase superbe de concision qui, soudainement, s'incarne dans une croix déchaussée de son socle.

Les croix. Omniprésentes à chaque heure de chaque jour elles sont là, au détour d'un chemin, d'un champ, imbriquées dans les murs, abritées sous les porches. Étrange croix de Saint-Roux dressée sur un tumulus destitué au rang de pierrier, croix d'Augeac avec sa Vierge du Puy, et celle de Ramourouscle, et celles de Montbonnet, du Chier, de Piquemeule, de Saint-Privat, de La Clauze, de Saint-Alban, et celles des terres perdues d'Aubrac, longues perches levées vers le ciel, poteaux, mâts de navires sans voiles, calvaires de ponts de Saint-Chély, Saint-Côme, croix de Golinhac avec son pèlerin sculpté, d'Espeyrac. D'autres encore, trop nombreuses. Faudrait-il n'en choisir qu'une comme symbole de toutes, que je retiendrais celle, rencontrée entre Le Puy et Aumont, taillée dans le granit étincelant de Margeride. Une de ces croix qu'en Bretagne on qualifie de « talus » et devant lesquelles les vieilles se signent. Je ne la retiendrais pas pour sa forme ou sa matière mais pour le Christ qui s'y trouve. Non pas cet homme vieilli, rompu, sans âge que nous sommes habitués à considérer comme vérité, mais une esquisse, l'ébauche de ce que sera l'homme : un enfant !

Un enfant, oui, de cinq ou six ans, déjà curieux sans doute des choses de ce monde qu'était l'atelier du père, rigolard et joufflu, et peut-être un peu seul car différent des autres. Un garçon dont la robe aurait pu, sous le ciseau de l'artiste, garder quelques copeaux, mais celui-ci a fait juste et sobre, et le vêtement tombe sans défaut. Tout juste suggérée la moue rieuse laisse à penser que les parents n'ont plus grand pouvoir sur lui. L'autorité est ailleurs, cela se sent comme se devinent, déjà, les mots définitifs que, devenu chef de bande, il prononcera contre les parvenus, les médisants et les faux prêtres.

Rencognée dans un muret de clôture, rongée par la haie sauvage, menacée par les branches d'un houx, cette croix a dû en questionner plus d'un. À commencer par le curé du village venu la bénir en son premier jour, devant une assistance à genoux, soumise mais forcément douteuse de ce qu'elle voyait : un enfant crucifié ! Comme si les hommes dans la fine fleur de l'âge ne suffisaient pas à entretenir le long martyre du sang ! Dès lors le sculpteur, peut-être simple tailleur de pierre, pris de prévention, dut être regardé en chien de faïence, tenu à l'écart de tout, sinon trucidé d'un coup d'arquebuse anonyme pour avoir enfreint les règles du bon usage et de la décence. C'est cette croix, et elle seule, qui m'accompagnera désormais sur ce sentier où des centaines d'autres fixent le temps qui passe en égrenant des dates.

Car elles parlent, ces croix, et peut-être moins de Dieu que de ceux qui les érigèrent. Elles parlent de cette Europe qui se mit soudain en marche, dans le premier tiers du IXe siècle, alors que l'Empire carolingien s'acheminait vers le traité de Verdun, et que le royaume d'Espagne se réduisait aux seuls monts Cantabriques et Pyrénées occidentales. Innombrables croix qui jalonnez le chemin de Jacques le

Majeur comme autant de preuves de ce qui fut, ne seriez-vous pas le véritable balisage, la trace profonde et indéfectible de cette draille sacrée ?

Affluent de la Truyère, la Rimeize alimente le moulin de la Folle. Sur le linteau de porte quatre chiffres dans un rectangle : 1872. À l'intérieur, autant qu'on en puisse juger par les interstices, quelques meubles ruinés, divers ustensiles et des gravats. À quand remonte l'abandon ? Vingt, trente ans ? L'entre-deux-guerres ? La solidité des murs, de la charpente pourtant affaissée en son milieu, l'ordonnancement des lauzes sur le toit, inciteraient à relativiser l'ancienneté du renoncement, mais, sortant d'une fenêtre dévastée, un arbre, dont la cime dissimule en partie la gerbière du grenier, témoigne du temps passé.

Quelle drôle d'idée que de s'établir dans un endroit aussi perdu, difficile d'accès neuf mois l'an, alors que la plaine… Drôle d'idée chez un drôle de type qui avait peut-être à se reprocher, mais ça, nous ne le saurons jamais. Pas plus que nous n'aurons à connaître d'où il tenait les pièces d'or avec lesquelles il acheta ce bien. Arriérés de pension de l'armée de Crimée ? À moins que ce ne soit un mauvais coup chez un rentier ? Ou plus sûrement l'héritage inattendu, le magot qui enfle toujours un peu la tête. L'important c'est qu'il vint ici, un jour de grand soleil et, sans doute assis sur cette énorme pierre où nous sommes aujourd'hui, qu'il regarda la rivière. Celui-là se dit que le grain meulé, la farine, était d'un bon commerce, ce en quoi il avait raison. Le moulin naquit de ce constat, précisément sur ce plateau où les céréales n'ont jamais été à l'aise. Cela aussi il le savait pour avoir assisté aux transactions sur les marchés, accompagné les convois d'ânes remontant vers les villages.

Il chercha donc en amont de la rivière où il pourrait sans crainte placer le batardeau, construire l'avant-bec, et, partant de là, s'attaquer au moulin… Nul doute que la vie de ceux-là ne fut pas facile, et de moindres profits que lui l'escomptait. Je dis ceux-là car je ne pense pas qu'il resta seul bien longtemps. Quelle fille de ferme, à moins que ce ne soit cette vague cousine placée à Nasbinals, n'aurait été séduite par un homme aussi entreprenant ? C'est ainsi que l'on vit sa vie, que l'on jette les dés un jour où le ciel semble plus riche et plus profond qu'à l'ordinaire, et que l'on voit des signes dans les fleurs ou le trèfle… Est-ce celle-là que l'on nomma, quelques années plus tard, la folle ?

Sous les grandes dalles de granit qui mènent au vannage, la Rimeize se rue en longs mugissements souterrains vers le coursier déserté de la roue. Plainte modulée de l'eau ou âmes en peine ?

Ferme des Gentianes… Croix de Ferluc. Jusqu'au roc des Loups nous empruntons un large chemin herbeux, bordé de barbelés et d'un muret grignoté par la ronce et l'ortie. De chaque côté des troupeaux de vaches blondes d'Aubrac aux beaux yeux charbonneux, dans lesquels Pourrat décelait « des regards de mauvaises femmes », ruminent en somnolant, indifférents, à moins que la voix de Gisèle ne les sorte d'on ne sait quelle absence au monde. « Alors, ma belle, tu t'ennuies ? Où il est ton veau ? Ah, il est là. Bonjour le veau ! » Dix, vingt, trente bêtes nous suivent aussitôt jusqu'à la prochaine clôture, le premier muret. Nous parcourons ainsi plusieurs kilomètres sous le regard fardé d'un public conquis.

Sans doute sommes-nous trop tôt dans la saison pour admirer la flore si réputée de l'endroit. Deux mille espèces, dit-on, dont certaines uniques et d'autres assez rares, la composent. La composaient, peut-être, puisqu'il semble qu'un pillage systématique des plants ait conduit à l'irréversible pour une centaine de variétés. Aujourd'hui d'importantes colonies de géraniums des bois, connus également sous le nom de pieds-de-perdrix, colonisent les bas-côtés des chemins. Les mille deux cent quatre-vingts mètres du roc des Loups offrent une vue splendide sur la plaine qui, de repli en repli, ondule doucement, houle verte et brune parsemée, de loin en loin, par d'énormes roches volcaniques. Ce pays est bien conforme à ce que nous en disait Jean Ségalat. « En fait de plateau, nous écrivit-il un jour, c'est tout en faux plats, avantageux, certes, mais néanmoins trompeurs comme l'embonpoint chez les faux maigres. » Effectivement ! Certaines grosses bosses ressemblent même à s'y méprendre à de l'obésité !

Nous avons dû rencontrer Ségalat en soixante-dix-huit, ou soixante-dix-neuf, dans la galerie qu'il venait d'ouvrir à Conques, à deux pas de l'hôtel Sainte-Foy. Les lieux étaient agréables, l'homme chaleureux. Nous prîmes des habitudes. Un jour il nous lut quelques passages, touchant à Venise, du *Voyage de Condottiere*. Je lui citai vaguement les premiers mots d'une lettre de Suarès à Gide. « Il n'y a pas d'amitié entre nous, mon cher Gide, nous nous sommes connus trop tard. Je n'avais pas lu vos livres avant de les tenir de vous. Vous n'aimiez pas les miens. » Réciproquement emballés de ce que nous venions d'entendre nous décidâmes, sur l'heure, d'échanger le *Voyage* contre la *Correspondance*. Dès lors aussi longtemps que dura notre séjour je revins à la galerie. Une poignée d'affinités, l'admiration de quelques peintres, nous poussaient manifestement vers une amitié dont ni l'un ni l'autre ne voulions forcer les prémices. Lui dessinait alors à la plume une série de grandes œuvres, scènes de pèlerinage à première vue humoristiques mais en réalité souvent très caustiques, où le village, ses habitants et l'abbatiale tenaient la place que l'on devine. Moi je regardais la main courir sur le papier, naître les personnages, jusqu'à ce qu'il décidât de la pause. Nous parlions alors de peinture et de poésie, de Suarès dont la théâtralité ne lui déplaisait pas.

Le jour de notre départ je lui achetai deux gravures tellement différentes de ce que je connaissais de son travail que je me crus obligé de le lui dire en insistant sur tel ou tel aspect des œuvres jusqu'à ce que mes yeux se posent sur la signature d'Enrique Marin, son ami de longue date établi à Auxerre. Une telle bourde ne pouvait que l'amuser. Nous en rîmes longtemps et d'assez bon cœur pour que tout devienne entre nous simple et possible. Dans les semaines qui suivirent une correspondance s'établit, pétillante de vie, riche de sa part en formules à l'emporte-pièce, lourde de complicités.

Rieutort-d'Aubrac. L'un des quelques noms qui se sont imposés à la lecture des cartes, il y a plus de trois mois. Rieutort, Le Sauvage, Bessuéjouls, mais aussi le lac de l'Œuf, La Chaze-de-Peyre, Font-del-Romieus, Golinhac. Pourquoi ceux-là alors que la litanie en comporte des centaines ? Rieutort, donc, est un gros village aux maisons puissamment enracinées dans le granit. L'austère et massive architecture lozérienne prend ici, face à l'espace ouvert, toute sa dimension humaine. Pas une ferme qui ne dise sa détermination à tenir contre le vent, la neige ou la pluie. Contre les hommes aussi. Souvent, surtout lorsqu'elles sont isolées, blotties dans un creux, elles font penser à ces redoutes d'artillerie dont Vauban dota les frontières. Même caractère revêche et dissimulateur, et de près, au toucher de la main, semblable intransigeance dans la qualité de la taille et de l'assemblage des pierres. Ainsi, pour peu que l'on en prenne le temps, l'étude d'une construction ancienne risque de nous en apprendre plus sur l'histoire d'un pays que la plupart des manuels accrédités. Comme sous n'importe quels cieux les hommes d'ici ressemblent à leurs maisons. Rien de surprenant donc dans le fait que, sortis des banalités d'usage, ceux-là ne soient guère causants. Ce sont gens d'espace et de solitude, gens de nature dont nous oublions trop souvent l'ineffable violence, gens de splendeurs jamais partagées. À l'instar de tous les montagnards du monde, ceux-ci affichent un rien de dédain pour tout ce qui vient de la vallée, et la franche aversion des villes.

Comme la plupart des villages traversés en cours d'après-midi, Rieutort est désert. Nous y faisons une série de photographies, four banal, travail à chevaux en granit, abreuvoirs-fontaines, diverses maisons. Au milieu de la place centrale un énorme tas de bois — communautaire ? — attend, contre lequel nous avons posé nos sacs. Il fait alors assez chaud pour que nous y prolongions la pause.

Sans doute serions-nous surpris, alors que nous reprenons notre marche, d'apprendre que dans quatre mois nous reviendrons à cet endroit et, adossés aux rondins, écouterons l'homme, occupé à les fendre, parler de son pays. D'ordinaire, lorsque la beauté des lieux nous tire quelques exclamations, nous nous entendons répondre, immanquablement : « Revenez donc cet hiver, pour voir ! » Lui ne dira rien de cela, ne minimisera pas, laissera sourdre sa fierté de vivre sur ce plateau, d'avoir choisi alors « qu'en bas » tout était plus simple. En bas c'était Clermont-Ferrand et Michelin où il avait trimé près de vingt ans. Mais il y avait les chefs qui « faisaient tourner bourrique, et une vie qui n'en était pas une », alors, comme la succession des parents s'offrait, qu'il était fils unique… Grand, sec, paraissant plus près des soixante que des cinquante annoncés, visage en lame de couteau, l'œil étonnamment clair, il parlera dans la pénombre d'octobre comme peut-être il ne l'eût pas fait deux heures plus tôt. Mots en vrac au fil des idées, des ressentiments confus qui jamais n'entraîneront de plainte réellement formulée. L'agriculture française est condamnée, et le plateau avec, ça c'était plus que sûr. On les avait trop vendus, les paysans, pour qu'ils puissent encore espérer. Qui ? Les Giscard, Mitterrand et Chirac qui se foutaient bien de la tournure des événements. Sans parler des syndicalistes agricoles qui, eux, gueulaient comme des putois jusqu'à ce qu'on leur donne une planque. Le vent se lèvera qui, par instants, nous enverra des bourrades violentes dans le dos. Les lauzes des toits siffleront. Tuiles aux loups ? Lui continuera. La hache à long manche s'abattra avec une régularité de métronome sur le bois qui s'envolera en tous sens… L'Algérie viendra entre nous, je ne sais comment. Parti en civil. Direct là-bas. Ça vous dit quelque chose ? Le choc ! Trente mois de djebel. Un jour ils ont su qu'un Arabe cachait un fusil. Ils ont fait ce qu'il fallait pour savoir où. Voulait rien dire, la vache. Enfin il a calé. Un fusil à broches qui valait rien du tout. Dans un tas de cailloux. Vous vous rendez compte ? Après, hop ! Mais ils avaient laissé la cabane debout. La femme et les gosses tranquilles. Des problèmes ? Non, ça ne lui en avait pas posé. D'autant que c'était le sergent qui avait tout organisé. Alors. Savez bien, vous qui êtes de la classe !

J'amènerai alors la conversation sur l'occupation allemande pour lui demander comment lui, paysan, aurait vécu la même scène avec son père comme acteur. Il me devancera en éludant la question. Jamais vu d'Allemand ici. Au point qu'il fallut descendre à Nasbinals à la Libération pour en voir, prisonniers. Comme il fera de plus en plus noir, nous parlerons de partir, marcherons vers notre voiture dont il retiendra longtemps la porte ouverte. La scène aura alors quelque chose de pathétique avec ce vent fou émiettant la bâche de plastique prise dans le tas de bois, et le hurlement des lauzes. Il nous demandera où nous sommes descendus, ce que nous ferons le lendemain, comme si cela avait une quelconque importance. Ses derniers mots seront pour sa femme souffrante et l'absence de descendance.

Beaucoup plus tard, tandis que la pluie crépitera sur les vitres de la chambre, énervé par l'attente d'un sommeil rebelle, je transcrirai, mot pour mot, cette conversation dans mon journalier.

De nouveau le plateau et l'espace. L'Aubrac fut sans doute, bien qu'un peu trop élevé, un pays à alouettes, du temps où celles-ci abondaient. L'alouette lulu, surtout, qui raffolait de terrains découverts à végétation basse et si possible sans arbres. Tentatives de prises de vue, mais le sujet est si vaste que mon objectif n'en retient que des riens. Vide, absence, dépouillement, ce paysage est par nature habité d'une puissante spiritualité. Le désert n'est-il pas, dans les religions monothéistes, le lieu de la révélation ? L'impression gracquienne qui se dégage de celui-ci nous conduit à parler de Jean Hervoche dont les puissantes photographies d'espaces désertés nous disent, mieux que de longs discours, le pathétique de l'attente où nous nous consumons.

Le pont de Marchastel enjambe ici le Bès. Deux pêcheurs descendent la rivière dont les rives broussailleuses doivent dissimuler les fondations du moulin dit de Buckingham en souvenir de la défaite subie, en ces lieux, par le grand capitaine. Nous sommes encore en Gévaudan. Peut-être pas très loin des traverses que fréquentait la bête pour traverser l'Aubrac.

Mystérieuse et sombre énigme qui, durant trois années pleines, déjouant traquenards, pièges et chausse-trapes, indifférente aux coups portés, fit régner la peur sur ce pays privé d'armes et de routes, si tu savais combien, depuis notre départ de Saugues, je pense à toi. Comment pourrait-il d'ailleurs en être autrement alors que fermes, hameaux, forêts, landes et gorges témoignent encore du drame, en cette langue hésitante et rugueuse du siècle qui te vit naître. Je dis ton nom, assassin aux yeux fous, admirable bête devenue desesperado comme d'autres se font nonnes pour le rachat supposé du monde, et vais sur tes traces pensant à ceux qui firent ta renommée en soufflant sur les braises mal éteintes du malheur. À monseigneur Gabriel-Florent de Choiseul-Beaupré, évêque de Mende, tout d'abord, qui dans son mandement du 3 décembre 1764, te confondant avec le Léviathan, s'en prit aux regrettables dérives d'une société corrompue contre laquelle, Dieu merci, le ciel dépêchait son justicier de feu. « Pères et mères qui avez la douleur de voir vos enfants égorgés par ce monstre que Dieu a armé contre leur vie, n'avez-vous pas lieu de craindre de l'avoir mérité ? On vous voit bien moins occupés de leur salut que de leur fortune et avancements pour lesquels tout vous paraît légitime. Heureux encore si vous n'étiez pas les premiers à les pervertir et les corrompre par la contagion de vos mauvais exemples ! Quelle dissolution et quel dérèglement dans la jeunesse de nos jours ! Et ce sexe, dont le principal ornement fut toujours la pudeur et la modestie, semble n'en plus connaître aujourd'hui et cherche à se donner en spectacle. »

Voilà ma belle ce que tu fis dire à ce noble prélat dont il arrive qu'on se gausse et dont on se moquerait plus encore si ce texte était mieux connu. Car il est permis de se demander à qui s'adressait réellement Monseigneur de Choiseul-Beaupré, tant il serait étonnant que les paysans, premiers concernés puisque seuls victimes de tes frasques, fussent aussi dépravés qu'il le laissa entendre.

Toujours est-il que le mandement fut lu dans toutes les paroisses du Gévaudan par un clergé acquis aux thèses de son évêque et qui, parfois, n'hésita pas à rajouter une pincée d'opprobres puisés dans les Écritures, contre ces pauvres tellement démunis de tout qu'ils en devenaient coupables par définition. Ces moins-que-rien, ces rustres dont il fallait bien purifier, à coups de frayeurs calculées, l'âme torve. Chacun y mettant du sien la cour épiscopale se vit joliment confortée par la voix tonnante du Livre. «Je multiplierai vos plaies sept fois et davantage à cause de vos péchés, enverrai contre vous des bêtes sauvages qui vous consumeront.» Tout étant dit et reconnu, le pire pouvait aller, on l'attendait genou en terre en chantant des suppliques. Tout cela dut t'amuser, toi dont la tête était désormais mise à prix, et même te faire rire de ton rire fauve, si, côtoyant l'un de ces prêches, tu t'entendis ainsi traitée pour quelques larcins sanglants. Car nous n'étions alors qu'au tout début de tes exploits, broutilles, chiffres insignifiants sur le livre de comptes ouvert pour trois années.

Ce qu'aucun sermon ni rassemblement ne dit, c'est qu'il reviendrait à la population d'entretenir, loger et nourrir les dragons de Duhamel qui étaient en route.

Cautère sur une jambe de bois, le remède se montrant plus terrible que le mal, on l'écarta. Comme on oublia sous le boisseau les lettres d'Étienne Lafont, subdélégué de l'intendant du Languedoc, réclamant des armes, seul moyen de mettre un terme à cette affaire. Idée jugée pour le moins saugrenue dans un temps où les têtes chaudes ne manquaient pas dans les campagnes.

Lieutenant des chasses de Louis XV, Antoine de Beauterne vint alors en personne et celui-là m'intéresse par ce qu'il écrit. Non pas sur cette furie qui saigne le pays, mais sur les gens qu'il côtoie journellement : les villageois et paysans de Margeride. « Combien nous souffrons de voir sous nos yeux, comme partout où nous allons, une si affreuse misère. Il fait ici un temps déplorable depuis trois jours. Les blés qui sont sur pied pourrissent. N'osant pas sortir de chez eux, les gens sont dans la dernière misère. Il y en a qui mourront forcément de faim. » De la mort sauvage qui hante les esprits, rien ou pas grand-chose, mais de l'autre, celle qui depuis près d'un siècle, de famine en épidémie, n'en finit pas de terrasser l'espoir, des pages et des pages adressées à sa femme. Et cela en dit long sur l'état du pays qu'il sillonne de long en large, tendant des embuscades nocturnes, fouillant, au risque de se rompre les os, les gorges du Bès et de la Truyère, pour se retrouver régulièrement vaincu par l'annonce d'un nouveau décès. Celui-là au moins épargna l'habitant autant qu'il le put. Peut-être lui manqua-t-il simplement ce petit rien déterminant, savoir se confondre à l'animal, devenir fauve de ta lignée, pour te porter le coup qui tardait à venir, et dont on s'impatientait à voix haute dans les salons huppés. Sais-tu bien, ma jolie, qu'homme de cour, donc solitaire, il te ressemblait un peu cet Antoine de Beauterne ? Si ! Et c'est ce qui m'émeut le plus lorsque je pense à vous, dans ces lieux-dits où se contemplent, encore, les traces de l'empoignade. Solitaire ? Qui sait si, fatigué et brûlant d'en finir avant que l'hiver ne s'abatte sur cette contrée hostile, il n'appela de ses vœux un tragique et grandiose face-à-face, seul à seul, lui armé de son unique dague... Mais, s'il le pensa secrètement quelque soir d'automne, dans les vents cinglants du Haut-Gévaudan, du moins ne le dit-il pas dans ses lettres.

Enfin, comme tout arrive, la confrontation eut lieu sur les terres de l'abbaye de Chazes, le 21 septembre 1765. C'est là qu'à cinquante pas sa canardière, chargée de cinq charges de poudre et de trente-cinq postes à loup, plus une balle de calibre, interrompit ta course. Touchée à l'œil et à l'épaule il fallut t'achever dans les hourras de l'hallali et la furie des meutes. Aussitôt le pays retentit d'actions de grâces, comme au temps du traité d'Utrecht, et de complaintes où ta mort d'outlaw donnait à réfléchir. Dès lors le porte-arquebuse pouvait regagner Versailles. Ce qu'il fit alors que la neige verrouillait la Margeride.

Je ne sais ce qu'il devint et combien de temps il vécut près de cette épouse qui l'appelait « mon très cher bon ami » en regrettant « de n'avoir les bras assez grands pour le recevoir et l'embrasser de toute son âme », mais je ne serais pas étonné que ses dernières années furent empreintes de cette mélancolie qui naît du regret d'avoir tué un ennemi qui tant vous ressemble.

Tué ? Du moins le crut-on jusqu'à ce que le crime renaisse de ses cendres au printemps suivant. Dans le silence emprunté de Versailles, quinze nouveaux mois de traque et de battues, de peur, de sang et de vains appels à l'aide. Quinze mois où la colère forge des mots de révolte, où les poings se crispent et la rancune s'ordonne. Près de cinq cents jours qui s'achèvent, définitivement cette fois, le 19 juin 1767, à la Sogne d'Auvers, où le fusil de Jean Chastel porte le point final à « l'affaire du Gévaudan ». Ce jour-là mourut un loup « qui n'en était pas tout à fait un » selon le rapport d'un notaire du coin. Quels que soient les doutes du tabellion, le pays étouffait depuis trop longtemps pour ne pas respirer à sa pleine mesure en fermant les yeux sur les registres où s'alignaient cent morts et presque autant de blessés.

Sans qu'il y ait à première vue de rapport, monseigneur Gabriel-Florent de Choiseul-Beaupré mourut trois semaines plus tard.

Il en est des hameaux et villages comme des croix ; ils se suivent dans un ordre parfait, ordonné depuis longtemps par la route et le fleuve. Ignoré, négligé par le voyageur pressé, tout lieu habité joue, pour le marcheur, le rôle d'un repère attendu. Confirmation d'itinéraire, chaque maison, chaque ferme apporte, également, et jusqu'au plus profond de l'hostilité muette, un peu de cette joie, qui naît si facilement à côtoyer la vie des autres. Lieux-dits et villages se suivent donc sans surprise. Il y a des semaines que je peux en réciter la liste. Des semaines et des jours où, penché sur les cartes d'état-major et le topo-guide, je tentais d'imaginer le paysage où ils se confondaient, de décider des haltes, d'éviter les embûches. Et voici qu'aujourd'hui je les découvre sous leur vrai visage, ces lieux tant de fois prononcés. Je les vois et les approche, parfois les photographie, non sans attendrissement.

À première vue rien ne distingue cette maison d'une autre. Mêmes murs massifs, toit pentu, muret de pierre sèche dressé comme un rempart aux vents mauvais, mais c'est une auberge avec une terrasse au soleil, des enfants qui jouent, un chien, des chats. Nous nous y arrêtons pour passer la nuit. Cela s'appelle Maison de Rosalie, nous sommes à Montgros.

Avant de venir s'installer dans ce village « pour faire autre chose », tous deux étaient dans l'enseignement, à Cannes. Le contraste, oui, les premiers mois surtout, mais maintenant, quatre ans après, on ne peut pas dire… et puis, l'Aubrac, vous avez vu ? Il y a quatre ans donc ce fut l'auberge ouverte, aventure, défi comme je les aime en ce qu'ils sollicitent l'essentiel et la durée. Les gens s'arrêtent ici. Les randonneurs surtout. Cela redonne vie au village. Les anciens, dont on a sollicité l'avis avant l'ouverture, sont contents. Le gîte comporte vingt-trois places. Cela fait parfois du monde. Par la traverse, Nasbinals n'est qu'à trois kilomètres, mais c'est autre chose, déjà la ville, et l'hiver, surtout lorsque le vent forme des congères, il arrive qu'on ne puisse l'atteindre. Alors on reste là à écouter « le pays qui parle ».

Nous prolongeons l'aligot par simple envie de parler. Dehors le vent s'est subitement levé. Des volets claquent. Un bidon de lait roule sur le chemin. « Écoutez-le faire ses colères ! » Nous évoquons l'extrême désertification de la région. Eux pensent que les choses s'inverseront sous peu. « Les gens ne pourront indéfiniment se priver de nature. Ici elle est comme au premier jour. Alors ? » Oui, mais les paysans. Où sont-ils ? Silence. Nous parlons de Conques. Vous êtes à la moitié du chemin. C'est vrai. Gisèle l'a même noté dans son carnet de route. Moi pas. Regrets ? Deux enfants, nés ici, jouent à l'écart sous une table. D'énormes rondins se consument dans la cheminée. La pluie cingle les fenêtres avec violence. C'est le pays qui parle.

VI

Saint-Chély-d'Aubrac

> Ce sont partout les mêmes cailloux,
> les mêmes ronces, les mêmes ornières
> qui aiguisent la marche.
> Et le même soleil parfois
> dans les flaques.
>
> Nicole LAURENT-CATRICE,
> *Du soleil dans les flaques.*

Désormais trop loin pour renoncer. D'ailleurs la pluie n'était pas moins forte lorsque nous avons quitté Montgros. Une heure, à peine trois kilomètres, et déjà le doute sur la journée, entre sept et huit heures de marche, peut-être plus par ce temps. Faire demi-tour ? Regagner la Maison de Rosalie, s'installer devant la cheminée et attendre ? De face le vent est redoutable. Il gifle, cogne, secoue, contredit le pas, coupe le souffle, triture et gonfle le ciré : s'oppose. De temps à autre il disparaît, s'efface complètement et le corps en profite pour retrouver ses aises, juste ce qu'il faut pour de nouveau subir. Où sommes-nous et pourquoi allons-nous de la sorte ? À quoi rime cet entêtement alors que personne ne nous attend, que le temps nous est donné. À quoi sert ?

Nasbinals traversé sous le gros d'une averse me

fait penser à Jean-Loup Trassard. « Nasbinals est au cœur. Non pas l'Aubrac des forêts de hêtres, plus au sud, ni celui, çà et là, des petits prés entourés de bouquets de pins, mais celui du haut plateau, des coulées de basalte. » Cela s'appelle « sur le plateau en Aubrac ». Une vingtaine de pages de grande finesse de vue et de style, dans un ouvrage intitulé *Flâner en France*[1], l'un de ces livres rares et précieux qui donnent, aussitôt feuilletés, envie de prendre le sac et le bâton. Aujourd'hui Trassard, hier Hervoche, deux témoins du paysage vrai, dépouillé d'artifices, c'est-à-dire pleinement habité par l'esprit, comme une écorce vide. Deux amis, deux voix qui, aujourd'hui de nouveau, m'accompagnent dans un pays qui leur ressemble à plus d'un titre.

Fenêtres ouvertes — lorsqu'elles ne sont pas en prise de vent — parfois, le temps d'une enjambée, l'œil retient le buffet au fond de la pièce, un cadre, la machine à coudre, une table avec des fleurs. Parfois une personne âgée, assise près du rideau qui vole. Les regards se croisent, instantanés dont il ne reste rien dans la seconde. Nasbinals est désert. Sur le foirail, un chien couvre une chienne. L'eau ruisselle des toits. Neuf heures sonnent quelque part. Malgré les apparences nous sommes le 22 juin, jour de la Saint-Alban.

Construite au XIe siècle en basalte brun, ce qui ajoute à son austérité, l'église romane est très belle. Près du porche, curieux chapiteau relatant le combat d'un archer et d'un sagittaire, et, si ma mémoire est bonne, dans le chœur un Christ en bois peint.

La montée commence derrière le chevet de l'église, pour s'achever à la ferme de Ginestouse, six kilomètres plus loin, lieu où, nous dit-on, le brouillard oblige parfois à rebrousser chemin. Longue rue

1. Christian Pirot éditeur.

en pente. Sans doute celle dont nous parlait Trassard. Son hôtel serait alors celui-ci à hauteur de clocher. Forte odeur de café. Dans un bar des hommes discutent et rient bruyamment, debout, près du zinc. Un autre, assis dans la salle, pérore, satisfait de contentement devant son déjeuner, pain frais, croissants et café noir. Celui-là parle en faisant des gestes. Les autres, à l'écouter, lèvent la tête en se dirigeant vers la porte. Tous supputent probablement l'éclaircie pour le soir. Un dixième de seconde j'hésite, repars. L'arrêt n'aurait servi à rien. Mais il est vrai que certains matins le chant des percolateurs ressemble à celui des sirènes.

Sur les hauteurs le temps est déjà bouché, univers cotonneux qui n'est pas sans rappeler notre départ du Sauvage avec, cette fois, les arbres en moins, le vide présumé, l'absence de route définie. Nous marchons parfois difficilement dans un sentier où le pied patine, cherchons du regard les pierres propices à l'enjambée, n'avançons guère. Vent et pluie proscrivent la parole remplacée, de loin en loin, par quelques gestes appuyés de cinéma muet. C'est le temps du monologue intérieur, des histoires que l'on se remémore pour la centième fois, du retour sur soi-même dans le souffle tendu et le sang qui s'affole, l'écoute de cette voix qui murmure à intervalles réguliers : pourquoi ? Les réponses fusent aussitôt. Inacceptables de légèreté. La volonté qui nous habite depuis le premier pas du premier jour répond à un autre ordre que celui de mener à bien une randonnée somme toute banale. Reste à savoir quel ordre. Il est des questions sans réponses et des énigmes qui, telle celle du Sphinx, se résolvent dans la logique du temps. Qui de nous ne rêva jamais d'emprunter un jour la route de Thèbes ? Pourquoi justement ce chemin où le pavé, parfois creusé comme une marche, révèle la cohorte ? Et pourquoi celle-ci, qui roula si longtemps, comme fleuve en peine, vers ce lointain Finisterre galicien, nous obsède-t-elle tant ? Si, comme on le dit, Compostelle accueillit entre quatre et cinq cent mille pèlerins l'an pendant des siècles, combien de ceux-ci franchirent-ils ce pont où le ruisseau de Chamboulies, devenu soudain trop vaste, s'écrase avec fracas ? Longue et lente procession bruyante et bigarrée, c'est le grand août, et je les vois sans peine. Hommes et femmes mêlés, tannés par les vents de pierre, fourbus comme on l'est lorsqu'on se heurte au ciel, peut-être délirants de repentances folles, et je suis des leurs. Petit peuple des villes, hobereaux de campagne, commerçants condamnés par monseigneur l'évêque, roturiers de nulle part ou nobles cavaliers, ils vont. Je vais. Ils vont, troupeau de transhumance où la draille les mène, au versant des montagnes, à l'ouest des jours déclinants, vers le tombeau du saint apôtre, frère aîné de Jean l'Évangéliste, au devant de celui dont ils hurlent le nom en longues incantations régénératrices : messire Jacques le Majeur !

Primus ex apostolis
Martir Lerosolimis,
Iacobus egregio
Sacer est martirio…

Savent-ils que de leurs pas jailliront quelques villes ? Que déjà, plus au sud, commerces et fabriques jouxtent l'austère commanderie ? Que demain les ponts, la forge, le cabaret, l'atelier et la carrière déplaceront le bourg, offrant, enfin, d'autres possibles vies ? Et pourquoi le sauraient-ils ? Qui le leur aurait dit ? L'auraient-ils seulement retenu, heureux illuminés qui vont dans l'indicible ! Compter l'écu, peser la donne sont des gestes d'obédience envers un monde dont ils ne sont plus. C'est l'été, ils vont, j'en suis. Ils chantent, je chante. Peut-être juin, comme aujourd'hui, et soudain la brume épaisse et froide, celle du pire, d'où peut sourdre à tout instant la neige. Alors le chœur s'éteint. À peine quelques cris, des appels que le brouillard déroute. Ils se tiennent à des cordes, des ceintures, au bourdon que l'autre tend et tient aussi fort qu'il s'accroche à la manche qui le précède. Tous marchent à plus petits pas, épuisés de suppositions. Plus loin, dans une heure ou deux, arrivés au sommet, quand ils marcheront plat, peut-être croiront-ils entendre d'autres bandes. Mais le jour sera sombre, et la peur trop ancrée pour risquer la parole, le signal ou l'appel. Pétrifiés comme la forêt qui couvre alors l'Aubrac, arbres parmi les arbres, ils laisseront ainsi passer, revenants d'un autre âge, les débris affamés de l'armée de Lancastre, saignée à mort par quelques algarades et la rude sentence de l'hiver auvergnat.

C'est ainsi que je les imagine ces rudes jacquets sous la pluie qui redouble. Au Puy de Gudette, à quatorze cents mètres, les nuages nous attendent comme chiens de gamelle, fidèles et silencieux. Nous en sortirons encore plus trempés et pressés d'en finir, allongerons le pas vers la Dômerie d'Aubrac qui devrait se trouver à moins d'une heure, plein sud.

Pour l'instant nous longeons les bâtiments agricoles, grange, étable, pailler abandonnés, de la ferme de Ginestouse-Bas. À celle du haut, que nous ne distinguons qu'à peine, nous faisons halte le temps d'une courte restauration, debout et sans poser le sac, dans un bois de hêtres en compagnie de bovins reniflants. Avec le lièvre crotté-trempé qui nous a déboulé dans les jambes à la sortie de Nasbinals, et les énormes taureaux veillant près des burons, nous ne verrons d'autres animaux. Pourtant les traces de sabots attestent la présence de chevaux, les étoupes de laine accrochées aux buissons, celle de moutons. Mais le plateau est vaste et la vue, aujourd'hui, s'y limite à trente mètres au mieux. Pourtant, de temps à autre, le vent disperse brume et crachin, taille de profonds étiers dans le coton qui s'effiloche. C'est dans une de ces trouées que nous apercevons, flip-flop, contournant le Puy de Gudette, le couple qui nous précède et dont, depuis deux jours, nous relevons les empreintes.

Marcher — Monter — Atteindre le sommet — Longer la ligne de crête — Contourner l'obstacle — Chercher la passe — Reprendre haleine — Pousser la barrière — Suivre la sente — Bifurquer — Revenir sur ses pas — Repartir Gravir — Franchir — Refermer la barrière — Marcher encore et toujours vers là-bas, loin devant, ce village de schiste et de lauzes où sans doute il ne pleut pas ; Conques ! Et de nouveau, car nous sommes loin du but, la pluie en rafales et la voix qui répète : pourquoi ?

Surgie du brouillard à main droite. Vient vers nous en gesticulant de façon désordonnée. Une adolescente de seize, dix-sept ans, trempée, lèvres bleuies, visiblement frigorifiée, pantalon de jeans à tordre et coupe-vent de pacotille. Dit passer une épreuve de brevet sportif, doit se rendre à Aubrac. En fait lui tourne le dos mais, agressive, ne veut pas l'admettre. Au bout du rouleau, éclate en sanglots. Repart enfin dans le bon sens en courant au risque de s'épuiser davantage. N'a pas vu le couple entr'aperçu. Leurs traces pourtant attestent leur passage récent. Le brouillard ici peut tuer à n'importe quel moment de l'année.

Grande draille balisée, tous les deux, trois cents mètres environ, de hautes croix de bois — cinq mètres au moins — noircies, racornies par les intempéries, qui ajoutent au tragique du paysage. Ici l'insolence n'a plus cours. Le ciel est trop présent, trop sombre pour ne pas donner à penser à ces *Leçons de ténèbres*, aux voix nobles et graves, où le doute prend un sens pour les âmes les mieux trempées. Ici s'achève la traversée la plus austère, la plus nue et redoutée du plateau. Trente-cinq kilomètres grandioses dont je ne sais d'équivalent sinon le causse Méjean ou le Larzac, encore ceux-ci me semblent-ils plus riants.

Mais à tutoyer trop longtemps le ciel il arrive que l'on se perde au monde sans que la draille en soit totalement responsable. C'est sans doute pourquoi celle-ci descend, avec quelques derniers soubresauts, vers la dépression d'Aubrac. Vu d'où nous sommes, le hameau n'a rien de très engageant avec ses façades sévères, écrasées, mais peut-être aussi rassurées par la tour des Anglais et l'église. Celles-là seules témoignent toujours du monastère qui s'élevait ici et fut, durant de longs siècles, providence des voyageurs. Fondé en 1120 par un certain Adalard, vicomte des Flandres qui survécut, à quelques mois d'intervalle, en cet endroit précis, à une attaque de pillards, puis à une tourmente de neige, l'hospice d'Aubrac, consacré à la madone des pauvres, joua, pendant plus de six siècles, le rôle du havre providentiel pour tous les écorchés du chemin. Auraient-ils oublié ce qu'ils venaient de traverser qu'une phrase tirée de la Bible, gravée sur la porte du monastère, le leur aurait rappelé. *In loco horroris et vastae solitudinis.* « C'était un lieu d'horreur et de profonde solitude. »

Le café où nous entrons regorge de randonneurs. Un groupe d'une quinzaine de personnes abandonne le tour d'Aubrac. Cela sent les cheveux et le cuir mouillés, la sueur et la fatigue aussi. Un je-ne-sais-quoi de sanglier. Tout le monde parle, nul n'écoute. La déroute est totale. Le renoncement acquis. Tout est dans les regards, les gestes, une façon de repousser son verre qui en dit long. Encore faudra-t-il descendre. Aller vers la plaine… Sur une banquette, le couple qui nous précédait. Lui, la trentaine, équipé de façon sommaire, dit revenir du Népal. Elle, plus jeune, menue, cheveux sur les joues, yeux luisants de larmes, fume une cigarette en regardant dehors. Partis dimanche matin du Puy, avec une tente dont ils ont dû se défaire dès le lendemain, après l'orage. Découragés, renoncent. Lui dit que c'est son second échec sur ce chemin. Le premier il y a trois ans, à Nasbinals. Pour cause de neige. En avril. Reviendra. Reviendront ?

Tout le monde est frigorifié. Nous aussi. Les mains et les oreilles, surtout. Vin chaud, deux verres chacun. En aurions bien repris mais ici il n'y a rien à manger. Alors. En attendant les doigts se réchauffent sur le verre. Derrière son comptoir le patron lit le journal en jetant des coups d'œil par-dessus ses lunettes, tandis que sa femme va de table en table avec son plateau chargé. Près d'une porte, publicité pour l'amer Picon. Je pensais que cet apéritif n'existait plus. Décidons de repartir avant que les muscles ne renâclent. Dégringolade vers une sorte de balcon taillé dans le flanc de la dépression des monts d'Aubrac. Il pleut toujours et le vent souffle encore mais, là-bas, tout au fond, dans le creux de la vallée, vers Saint-Chély, l'éclaircie est acquise, comme elle l'est, peut-être, à Conques et plus sûrement encore à Compostelle, en cette si lointaine et si proche Galice.

Galice ? Ce poème de Luc Bérimont que nous disions si souvent sans savoir qu'un jour… *Je pars ce soir / Tu pars demain / Souviens-toi de nous Galice / À tant creuser ta silice / On ne gagnait plus son pain…* Bérimont rencontré par l'intermédiaire de Gilles Fournel, le début d'une correspondance chaleureuse dans laquelle il fut souvent question de se revoir. Et puis le temps qui passe. Les livres échangés, et ce matin d'hiver près d'un étang où nous traquons le brochet. La voix de Gisèle ouvrant le journal. « Luc Bérimont est mort. » La pêche interrompue, le retour en silence. La peine qui ne dit pas son nom. Nous ne nous connaissions qu'à peine, mais que la campagne glacée qu'il aima comme nul autre fut, ce jour-là, terrible à regarder. *Au ruisseau gelé la pierre est à fendre / Par tant de froidure il n'est plus de fous / Cette heure de minuit, cette heure où l'on chante / Piquera mon cœur bien mieux que le houx / Pourquoi ce Noël, pourquoi ces lumières / Il n'est rien venu d'autre que les pleurs / Je ne mordrai plus dans l'orange amère / Et ton souvenir m'arrache le cœur…*

Vestiges grandiloquents du château de Belvezet. Présence répétée de basalte, nous descendons de plus en plus vite vers les ruines du hameau de Del Sail.

Des vers de nouveau, écrits en d'autres temps, dont je ne sais plus très bien l'ordre et la construction. *Je sais en terre de Gévaudan / Une draille très incertaine / Dont les pavés pointus / Mettent mon cœur à nu / Sans qu'oubli ne me vienne. Certains le dirent qui s'effacèrent / Nous vivons des temps incertains / J'attends le jour comme un marin / Qui se perdit en haute terre.*

Parfois la mémoire trébuchant, Gisèle comble le vide, à moins que je ne m'égare vers d'autres poèmes. À quoi pouvons-nous bien ressembler, si petits, dans l'immense, pour le rapace dont les miaulements plaintifs nous atteignent de loin en loin ? Silhouettes à peine ébauchées dans un décor où la genèse n'a peut-être pas dit son dernier mot. Deux points qui se déplacent, souffles parmi LE SOUFFLE. Étincelles transitoires dans le vacarme suspendu des millénaires. À quoi ressemblons-nous à nos propres regards ?

Univers bleui de schiste argileux où la bruyère et

l'ajonc s'accrochent, racines infiltrées dans la moindre faille, tirant parti d'une simple poignée d'humus, vies végétatives et pourtant odorantes, fécondées par l'insecte, quelles leçons donnez-vous au nomade ! Et que dire de l'obstination des cycles chez les lichens, mousses et scolopendres qui colonisent la trace humide du rocher ?

Dans le gué du ruisseau de l'Aude, le cadavre d'un carabe doré, ses longues pattes orangées tendues en vain vers le ciel, flotte. Enfants nous les piégions facilement, aux jours chauds de l'été, en disposant, près d'un carré de terre fraîchement remuée, un sac de jute humidifié. Il n'était alors pas rare de trouver, le matin suivant, quelques-uns de ces beaux insectes prisonniers. À la vérité nous ne les conservions captifs que le temps de nous éblouir de leur infinie beauté, avant de les relâcher, satisfaits au-delà de tout d'une si grande mansuétude pour des vies si petites. Il faut dire que les jardins d'alors regorgeaient d'insectes de toutes sortes, et notamment le nôtre dont une partie restait en friche.

À présent le sentier cascade, s'invente des paliers de toboggans qui s'ouvrent sur l'espace. Désormais, quoi qu'il arrive, malgré les grimpées insolentes du Rouergue, les puechs, les pics et le reste, nous descendrons, jour après jour, de façon irrémédiable, vers le Lot.

À Saint-Chély-d'Aubrac, le G.R. déboule juste devant la gendarmerie. Quelques mots sur le temps avec un jeune gendarme. La semaine dernière il a neigé à deux reprises sur le plateau. « Ici, on ne sait jamais trop à quoi s'en tenir. En plein été, parfois même… Enfin, il faut faire avec, n'est-ce pas ? » En l'écoutant je pense que c'est le « pays qui parle » comme disaient ceux de Montgros, hier soir, qui parle parfois plus fort, plus haut qu'on ne le voudrait, en fonction de ses coups de sang, ou simplement pour contrarier le monde. Après tout c'est son droit, à ce pays, de se faire entendre, et j'aime bien les grognons — grandes gueules, cœurs généreux — mais comment le dire à un gendarme qui s'inquiète de ce que peuvent donner, vers le soir, ces nuages violacés qui tachent l'horizon.

Douceur. Le soleil retrouvé fait fumer l'asphalte. En moins de deux heures nous sommes descendus de plus de cinq cents mètres. Cela se ressent dans le corps et la tête, par une vague intuition de proche sérénité. En fait depuis Aubrac nous cheminons en Aveyron, pays d'alliance affective. Ce vieux Rouergue pierreux et rude où, vers le sud, saisies d'on ne sait quelles craintes, les rivières se cachent sous le calcaire, quand elles ne l'ont pas creusé patiemment pour donner le vertige aux troupeaux de brebis. Rouergue des causses et des plateaux, aux lourds villages abandonnés, aux hommes déterminés qui, refusant le pire, s'embarquèrent à pleins bateaux vers ce qu'il convenait encore d'appeler l'Eldorado. Pays écartelé où l'Aquitaine, l'Auvergne et le Languedoc n'en finissent pas de confronter leurs dires, comme si les vents contraires ne suffisaient à affirmer leurs influences sur des terres féales. Noble Rouergue des vins de Marcillac, sombres et rustiques comme le rougier où la vigne se tient depuis plus de quinze siècles, pourquoi ce sourd contentement, cette joie silencieuse à laquelle chacun se réfère en effleurant les yeux de l'autre ?... Conques, bien sûr ! Désormais à moins de soixante-quinze kilomètres, trois jours de marche. Trois jours ? Déjà ! Autrement dit, rien, et c'est ce rien qui soudain vient jeter son ombre sur notre satisfaction d'être là.

Deux, trois mots, une idée. Il n'en faut pas plus pour que la connivence s'installe… Ne pas s'arrêter, poursuivre vers Figeac, le Lot, peut-être Cahors. Juste l'étape à l'ombre de Sainte-Foy et le lendemain, très tôt, nous pourrions de nouveau. Possible, bien entendu, mais si peu crédible qu'aucun des deux ne peut réellement s'y laisser prendre.

Le gîte de Saint-Chély-d'Aubrac est sans conteste le plus agréable et le mieux tenu de tous ceux que nous trouverons sur cet itinéraire. Situé au cœur du village, il donnerait envie de s'attarder, de poser le sac, une fois de plus. La responsable, petite femme vive et sèche, nous conseille de revenir, l'an prochain, le 25 mai, pour l'estive. Projet déjà plusieurs fois reporté, le dernier avec Jean-Loup Trassard. Retenir ce qu'elle dit, organiser une escapade avant qu'il ne soit trop tard car on parle de supprimer toute transhumance d'ici à quelques années. Nous l'écoutons évoquer son pays, la beauté du plateau au printemps, les troupeaux décorés de rubans et cocardes… « Vous savez, répète-t-elle à deux reprises, lorsqu'elles atteignent une certaine hauteur, les bêtes sont un peu saoules d'air trop fort. Elles passent alors par des drailles où certains hommes renoncent. C'est dire ! » Elle non plus ne connaît pas Conques. Pensait s'y rendre au début de sa retraite, mais avec ce gîte. Un jour, peut-être.

Ici aussi il y a des volets fermés, surtout aux confins du village. Un dépôt de pain remplace la boulangerie. Le boucher ne vient que deux fois la semaine. C'est écrit sur un carton collé à la vitre ; le samedi, et je ne sais plus quand. Autrement on peut lui téléphoner. Le magasin est vide, sauf le billot dans un coin.

Plus bas, vers la place de la mairie, il y a l'hospice

et des gens qui nous regardent de derrière les rideaux. Sinon les cafés où l'on parle haut, dont on sort précipitamment pour enfourcher la Mobylette, s'asseoir au volant : personne. L'heure est au chez-soi. On y argumente dans les bruits de vaisselle et l'odeur des cuissons.

C'est le soir et nous marchons de nouveau. Pour calmer les nerfs, achever la fatigue, ou tout simplement parce que les corps, devenus insatiables, l'exigent.

Ruelles, places, ruelles de nouveau. Par les fenêtres entrouvertes la vie laisse filer ses trop-pleins d'habitudes, échanges où nous ne serons jamais admis, nous les étrangers qui passons comme tels ; silencieux et l'esprit ailleurs. Il arrive aussi que de derrière les pots de géraniums suspendus, accrochés aux montants des fenêtres, quelques mots nous atteignent, salutations, banalités. Cela n'interrompt rien, ne coupe pas la marche, mais rassure. À la voix qui répond, l'on écarte la verdure pour se pencher vers la rue, voir qui, à cette heure, peut aller de la sorte. Silhouettes âgées pour la plupart, ceux-là ont déserté la télévision qui ne les concerne plus depuis longtemps, pour veiller, comme tous les soirs depuis que le temps le permet, sur un paysage dont ils connaissent l'ordonnancement et les usages mieux que leur propre généalogie. Autrefois nous les aurions trouvés assis devant les portes. Elles, écossant des légumes, reprisant, meublant leurs mains de gestes. Eux, ouvriers « de bras » comme l'on disait alors, roulant de leurs doigts gourds — car les mains en ont pris de bonnes — le tabac noir et filandreux que déjà ils fumaient à Verdun, vitupérant l'époque, le gouvernement, ou les gros de la ville, à coups de lieux communs usés jusqu'à la corde.

À suivre le Boralde, que nous retrouverons

demain près de Saint-Côme, nous sortons du village sans trop nous en rendre compte. Flânerie silencieuse comme souvent le soir quand l'esprit part en maraude, lorsqu'une vague ressemblance des lieux embrase le bûcher des souvenirs. Comme cette vicinale où le pied se pose pour la millième fois, comme ces jardins à tonnelles et ce besoin de s'attendrir sur la moindre romance.

Longtemps nos chemins du Sud firent étape à Génis, petit village de Dordogne proche d'Exideuil, où Paul et Madeleine passaient les mois d'été. La vie y était simple et douce, comme je suppose celle d'ici, sans à-coups apparents, ritualisée en habitudes convenantes. Une vie de province où les horloges n'ont jamais tout à fait raison sur le temps qui s'écoule. Chaque soir après dîner, mon oncle et ma tante faisaient une promenade comme avant eux leurs parents durent jouer aux cartes ou au jacquet, avec la ferme intention de mieux dormir ensuite. Ancrage des habitudes, nous attendions, vaisselle rangée dans le grand meuble de noyer, cette balade où l'agrément remplaçait la surprise, sans penser un instant qu'il pût en être autrement. Il me semble d'ailleurs que cette route au bitume rapiécé que nous suivons ce soir nous conduisait alors à des fermes aux accents roulants, où nous achetions des œufs, commandions la volaille. Parfois Jeanne ou Jacqueline, quand ce n'était les deux, se joignaient à nous.

Vieux moulin abandonné au bout d'une allée de têtards, nous n'irons pas plus loin. Iris, joncs, roseaux, odeur si particulière des terres déliquescentes, de l'autre côté du vannage rompu, luttant contre la broussaille et le lierre, le bâtiment, construit en porte à faux, révèle une restauration en cours. De la roue ne subsistent que l'essieu — très entamé — et deux cerclages rouillés. Les pierres de la coursive sont chaudes. Nous nous y asseyons, jambes pendantes sur l'eau qui court. Éclairs en ricochets, chutes imperceptibles, un banc de truitelles gobe-moucherons et éphémères — irremplaçables mouches de mai des pêcheurs d'eaux vives — sans se soucier de nous. Plof, plof, plof, présence plus bruyante d'un chevesne. Appelé aussi meunier ou dard, il sait se montrer redoutable briseur de lignes, tant par le poids qu'il peut atteindre que par sa brutalité. Il se prend bien à la mûre, fin août, début septembre, ligne tendue sous les ronciers, le long des berges. Sa chair insipide fait qu'on ne le garde généralement pas… Celui-ci, plof, plof, plof, est de taille respectable.

À peine plus désertes qu'à l'aller, les rues, dont le soleil rasant détruit patiemment les certitudes, ont perdu leurs guetteurs. Le sommeil s'avance avec les ombres où les matous embusqués attendent de se défier en longs sanglots d'enfants. Envie folle de pousser une porte, n'importe laquelle, première venue, celle-ci par exemple, pour accéder à l'autre versant des choses, dans un univers qui, bien sûr, serait très différent de ce que je suppose. La porte poussée, un couloir s'ouvrirait, sombre boyau, avec un escalier au bout, et tout en haut de celui-ci, après la dernière marche, une autre porte avec une poignée de faïence blanche ou de cuivre poli. Frapper, entrer, saluer comme il se doit. Mais cela ferait court, alors j'ajouterais deux ou trois mots bateaux en prenant une chaise…

« Il y a si longtemps que je voulais vous connaître. » Que peut-on bien répondre à une démarche aussi bienveillante ? À moins qu'un excès d'altruisme me pousse à leur dire combien leurs existences m'importent. Quelle tête ferait alors cet homme qui répète, pour la quatrième fois, sur le ton de l'impatience. « Puisque je te dis que non ! » Peut-être me voyant hésitant et troublé, prononcerait-il à son tour quelques banalités. À moins qu'il ne dise rien. Mais alors son impatience se lirait dans une série de gestes précipités et de regards fuyants vers le fusil, posé plat, sur le haut de l'armoire. La femme, elle, comprendrait à me voir que la scène de ménage est remise à demain et se souviendrait de ces journaliers douteux que son père recevait parfois à sa table, et qu'elle prit très longtemps, malgré sa peur panique, ou à cause d'elle, pour des envoyés du bon Dieu.

Cela suffirait pour que je devienne, à ses yeux, l'un de ces noirauds des routes et donc admis comme tels. Table débarrassée à la va-vite, je m'assiérais et toute alarme rentrée elle sortirait d'un buffet bas des verres longuement essuyés à l'aide d'un torchon à la blancheur insoutenable. Alors, et alors seulement, nous pourrions parler. Parler ? Les écouter surtout, car que pourrais-je leur apprendre qu'ils ne sachent déjà sur l'agitation dérisoire des villes ? Les écouter ressasser ce que j'entends depuis des jours, des mois, des années, depuis que je marche sur ces chemins de contrebande que sont devenues les dessertes de villages, cette plainte poignante d'un monde qui meurt, exsangue, veillé de promesses non tenues, cerné de gestes assassins, abandonné de tous. Les écouter, donc, même si cela répète ce que je sais déjà, pour mieux me souvenir.

Mais ni ce soir ni demain je ne pousserai de porte. Ni celle-ci ni une autre. Car il faut un motif, une raison profonde, pour s'imposer ainsi dans l'intimité des autres, partager, ne serait-ce qu'un court instant, leurs odeurs de cuisine, de lessive, ou de tabac de pipe. Ni ce soir ni jamais, car je ne suis ici qu'un étranger qui passe, escorté de la voix de l'homme qui continue de nier je ne sais quoi, près de sa fenêtre ouverte.

Au gîte nous attendons, assis dans l'escalier de schiste, la pleine tombée du jour et le sommeil. Parlons de cet autre juin, vieux de sept ans, passé à Conques rue du Château, chez les Bony où Jean Ségalat logeait aussi. Pourquoi ces souvenirs et ces noms évoqués, ici à l'heure du loup ? L'utopie cette année-là nous en fit voir de belles. Intentions, desseins, projets, rien ne manqua aux rêves. Un recueil de poésie érotique, illustré par Jean, écrit par moi, que Guy Chambelland ne refuserait certes pas. Ce livre — toujours commun — de souvenirs du Rouergue, reporté depuis des années et cet autre projet, qui me sembla toujours plus intéressant : un ouvrage sur l'œuvre de Jean, pour lequel nous solliciterions son ami de toujours, le confident, témoin des premières heures, Gilbert Bou, qui tenait galerie à Decazeville. Tout se conçut, rien ne se fit. N'avions-nous pas le temps ? L'été est trop bavard, trop euphorique peut-être, pour accorder le moindre crédit aux mots fondateurs, aux gestes qui engagent. Octobre eût été préférable pour de tels projets, décembre garant d'un aboutissement. Mais nous étions en juin !

Passage obligé — nous logions à deux pas —, la galerie présentait le double avantage d'être toujours fraîche et d'offrir un excellent point de vue sur l'agitation de la rue principale. « D'ici, rien n'échappe au feu de nos regards », aimait à répéter Jean en farfouillant dans sa barbe sur le seuil de cette ancienne grange à fourrage. Ces regards qui se réjouissaient souvent de la visite de quelques « belles païennes » vêtues comme on l'est lorsqu'il fait chaud, que l'on est jeune et belle, et que le jour sent la cerise. Le moindre prétexte m'était bon pour m'arrêter dans cette ombre propice, à l'envie de dire un mot, terminer une phrase précédemment interrompue, en commencer une autre. Le temps à Conques m'a toujours semblé d'une autre texture que partout ailleurs. Aujourd'hui encore, en relisant le journalier dépositaire de ces heures, je m'étonne de la distance et de la corrosion de jours demeurés si proches et fringants dans mon esprit.

Chaque matin Gisèle partait en montagne. Je m'enfermais dans la chambre, m'asseyais devant ma machine à écrire, près de la fenêtre, et traquais l'inspiration particulièrement rebelle. Passé onze heures, stores et volets tentaient de s'opposer au pire. La rue devenait discrète tandis que le bois de la charpente craquait comme navire à quai. Les vents étaient au sud !

À midi des brassées de fleurs des champs réveillaient la table de cuisine avec quelques poignées de fraises, de cerises sauvages, plusieurs fois même des cèpes, sombres et charnus, poussés de la veille. Venait alors le temps des mots longtemps contenus, le récit à l'emporte-pièce des rencontres fortuites du lièvre et de l'oiseau, de la description de tel village effleuré sur le versant d'un puech. Comment tenir l'exil devant cette avalanche de bonheurs légers ? J'abandonnais ce livre qu'un éditeur disait attendre, et ma fenêtre, comme on se rend sans conditions : blessé aux entournures, mais satisfait d'avoir rompu le siège.

Interrompre un roman ne consiste pas à ranger papiers et crayons en parlant d'autre chose, mais à décider de la condamnation de personnages qui, avec le temps, sont devenus, sinon un peu de soi-même, du moins des intimes. Hommes et femmes d'encre et de papier, parfois à peine ébauchés mais que l'on peut nommer, qui ont acquis un droit, celui de vivre, et le font savoir à l'auteur — la nuit de préférence — pour le simple désir de prendre place dans la mémoire des autres, sortir de la gangue des mots où ils sont englués. Personnages d'excès, individus de l'ombre et du tapage qui savent, mieux que parfois la vie, distiller l'insomnie du doute, l'impatience et la joie, tous cousins de ceux dont Giono, qui les fréquenta beaucoup, parla avec tant de justesse dans *Noë*.

Je renonçais donc pour courir le pays en tous sens. Montjaut, Peyrusse-le-Roc, Sauveterre et Villefranche-de-Rouergue, l'abbaye de Sylvanès, Millau, Rodez, Saint-Affrique, l'église de Lapeyre et les admirables cités templières du Larzac nous virent ainsi au cours de ces semaines où l'été imposait, chaque jour un peu plus, ses prétentions sur le printemps. Régulièrement nous nous risquions aussi sur ces intrigants chemins de Compostelle d'où, de temps à autre, nous arrivaient de drôles de personnages que nous retrouvions, neuf fois sur dix, à la galerie où ils abusaient sans mal de notre crédulité. Car il était admis entre nous que ceux-là savaient des choses. Lesquelles au juste ? Aucune importance ! Le fait qu'ils consentent à nous parler d'ailleurs, de là où nous ne mettrions sans doute jamais les pieds, suffisait bien à ce que leur parole serve de blanc-seing. Nous les écoutions donc, ravis et quelque peu bernés, sur ce qui se passait dans ce si vaste monde parfois distant de moins de cent kilomètres. Certains d'entre eux, ignorant la langue ou taciturnes, se contentaient d'admirer les œuvres de Jean, lithographies, dessins, gravures, avec le regard aigu de ceux que l'imaginaire a déjà brûlés. Tous nous faisaient rêver le temps d'une halte, comme les navires de haut bord dont on sait le départ inscrit. Qu'avaient-ils vu ? Que savaient-ils de si prégnant que parfois nous les retrouvions absents d'eux-mêmes, perdus dans le chœur de l'abbatiale ? Où seraient-ils dans trois jours ? trois semaines ? ou trois mois ?

Je me souviens que l'un de ces passants récitant ses étapes à venir laissa tomber un nom qui depuis lors m'accompagne comme l'hémistiche d'un vers à jamais oublié du poème. Puente la Reina !

Que de fois ai-je répété ce nom pour le simple plaisir de l'entendre résonner dans ma tête comme une guitare andalouse... Puente la Reina... M'en eût-on donné la traduction sur l'heure... Pont de la Reine... que mon agrément fût resté le même, ayant déjà bâti chimère d'une ville à pavés carrés, cernée de murs austères du haut desquels les sentinelles confondaient la Navarre et l'Aragon. Une cité médiévale pour laquelle une reine, dont je ne saurais dire s'il s'agit de doña Estefania ou doña Elvira, prenant pitié des pèlerins contraints de franchir le rio Arga par un gué périlleux, fit construire un pont à dos d'âne, semblable à celui de Conques, quoique sans doute un peu moins rouge.

Fragments, morceaux, éclats du miroir brisé, je me souviens d'interminables repas autour d'un de ces mirotons dont Gisèle tient le secret, de virées à Valady pour le seul plaisir de revoir *l'Annonciation* de Chapput, travaillée en déclinaisons d'ocre et de blanc, ou à Pruines, dans cette auberge de circonstance où trônait — par quelle erreur naufragé là, à la merci de la sauce et des fourchettes — un très grand format de Tanaka, intitulé *le Bal*, devant lequel nous nous égarions si facilement. Je me souviens aussi de ces soirées près du Dourdou, des truites et des brochets qui nous valurent, dans l'heure, une certaine réputation, de discussions sans fin sur la bête du Gévaudan à l'auberge du pont romain où Jean étayait ses thèses en dessinant sur les nappes en papier, et plus encore des heures passées à disserter de l'art et de la création, domaines où il excellait à coups de fulgurances souvent teintées de scepticisme. J'ignorais alors que, trente ans plus tôt, cet homme qui parlait de son œuvre avec une désinvolture tragique était considéré comme l'un des peintres reconnus de l'école de Paris. Condisciple de Bernard

Buffet, Ségalat avait choisi de vivre à Decazeville dont il était originaire. Homme du Rouergue « industriel et charbonneux », il devait élaborer, en moins de quinze ans, une œuvre à l'humanité puissante inspirée de l'usine ou par les foules du bassin houiller. Nous ne connaissions alors de sa peinture que le grand coq de l'hôtel Sainte-Foy et le *Christ à la mine* de l'église de Decazeville. Gouttes d'eau dans une production que nous pressentions d'autant plus importante qu'il s'en défendait sans autres raisons que de mettre en avant son travail de dessinateur.

Passé l'heure « du doute » qui précédait, selon lui, celle « du crime » nous parlions, accoudés à la fenêtre, de Ciry, Mohlitz, Louédin, Marin, Vély, Weisbuch, pour lesquels nous allions organiser des expositions à Conques. L'absence de lieu propice à ce genre de manifestation ne nous empêcha, bien entendu, jamais de rêver, et je ne me souviens pas que l'un de nous ait même évoqué un seul instant cette triste réalité. Comme toujours l'heure du doute ressemblait, à s'y méprendre, à celle de l'utopie.

Voilà ce dont je me souviens ce vendredi 22 juin 1990, assis dans les escaliers du gîte de Saint-Chély-d'Aubrac tandis que vers les creux, là où le Boralde longe les jardins, une nappe de brume s'étire, plate et fragile, comme parfois la fumée de broussaille en absence de tout vent. À deux ou trois mots échangés je sais que ma femme est aussi là-bas, en d'autres éclats d'un autre miroir, mais là-bas, tout de même, dans un passé heureux où nous nous regardons vivre en prenant garde de ne rien déranger du fragile équilibre de la mémoire blessée. Impressions parfois troubles de répéter sans cesse les mêmes scènes dès que l'un des deux s'inquiète de la désertion de l'autre.

… « Tu te souviens, dis ? »

VII

Espalion

On voyage pour que les choses surviennent et changent ; sans quoi on resterait chez soi.

Nicolas BOUVIER,
L'Usage du monde.

Terre et cailloux glissants. Crainte ou respect, le pied ne semble vouloir qu'effleurer les lambeaux épars de la route romane qui, après avoir longé la rivière, franchit le pont au milieu duquel se dresse toujours le calvaire érigé sous le règne des Valois-Angoulême, pour filer plat et droit comme n'importe quel halage, à ceci près qu'un landier ici fait la loi et obstrue le passage. Route des certitudes et du doute acquis, de la foi exacerbée, du compromis et des affaires boiteuses, de la vie réduite à des pas-grand-chose, des presque-rien, qui se souvient de toi ? Quel cadastre peut encore te revendiquer alors que la mousse et l'herbe rase te rongent chaque année un peu plus ? C'est pourtant toi qui, contournant les monts d'Aubrac, ouvris la vallée du Lot aux lourds chariots carolingiens, comme plus tard tu livras Rodez et Marvejols à la malle-poste de 1795. Sans doute ne te distingue-t-on plus du chaos où tu t'estompes, te prend-on pour un accident géologique, lubie de cantonnier, œuvre de forçat. Bien visible cependant et bavarde autant qu'il se peut dans tes pavés ronds savamment disposés pour traverser les siècles, serrés les uns contre les autres jusqu'à l'étouffement, la soudure.

De l'autre côté du pont, dans les bosquets montant vers le plateau où les départementales se croisent, les débris d'une autre route, contemporaine de la via Agrippa, disparaissent eux aussi lentement sous l'humus. Naufrage cette fois bien trop total, trop ancien, pour sensibiliser l'âme. Ici ne s'enlisent que les rognures, la caillasse sans intérêt, le non-donnant. Dalles et moellons avantageux ont depuis longtemps pris place dans les constructions d'alentour. Peuple prédateur qui tout au long de l'histoire se servit sur la dépouille du perdant, dalle romaine, meubles de château, pierres de l'abbaye, où sont tes bénéfices, toi dont la mémoire se tarit à contempler le vide ? Pourquoi ce dépeçage effréné du cadavre ? Activité toujours en vigueur s'il faut en juger de certaines maisons abandonnées énucléées de leurs fenêtres.

Les routes ici, pour ne parler que d'elles, vont et se croisent, indifférentes pour mieux s'unir un peu plus loin, là où une voirie moderne, asphaltée de neuf, ennuyeuse par temps chaud, glissante lorsqu'il pleut, s'enfuit, grosse des autres, vers le sud, la nationale qui, usant de son droit d'aînesse, l'avalera presque par inadvertance. C'est un aspect connu de la loi du plus fort dont nul ne se soucie tant qu'il n'est pas piéton, c'est-à-dire marcheur s'inventant des histoires.

Hameaux du Recours, de Cambrassats, de Foyt. À la sortie du premier, le sentier disparaît dans une sorte de tunnel sombre creusé dans la masse compacte d'une hêtraie. Couloir ? Boyau de mine ? Et si, à l'exemple d'Alice, nous pénétrions dans le terrier géant, domaine de Lapin blanc dont Lewis Carroll aimait à penser qu'il était... « d'un certain âge, timoré, faible et exagérément tatillon ». Broutilles qui ne l'empêchaient pas, comble de raffinement, de porter lorgnon, gilet croisé et pantalon à brides. Vidé de tout sortilège notre terrier s'ouvre sur une sorte de plateau que nous traversons en compagnie d'un couple de jeunes agriculteurs conduisant un troupeau de bovins en Aubrac. Les bêtes avancent en front de trois à allure soutenue. « Elles sont déjà un peu grisées par l'herbe des hauts, dit l'homme, ici elles ne prennent rien, n'ont qu'une idée en tête, aller. Pour la descente c'est la même chose, mais à l'envers. Là c'est l'étable qui compte, rien d'autre. » Nous les quittons un peu avant Lestrade. Le soleil fait fumer les bois de châtaigniers qui s'empanachent de brume légèrement bleutée. Il y a près de deux heures que nous marchons lorsque Gisèle trouve les premières girolles.

Celles-ci ne dépassent guère la taille de pièces de cinq centimes, petits riens dissimulés sous les feuilles racornies, le bois mort, l'écorce éparse. Bien que leur éclat les trahisse il faut baisser les yeux, scruter le sol comme un sourcier en mal de signes, de touffe d'herbe en plaque de mousses, où, de loin en loin, une touche intense de jaune tendre, parfois criard, souvent luisant, les signale. Pause casse-croûte assis sur les sacs. Courte exploration du bois. Aucune qui vaille la peine d'être cueillie. Chemin de nouveau. Montées, descentes, sortes de montagnes russes aussi raides que courtes que nous dévalons, entraînés par le barda pour affronter un nouveau raidillon. Nous pénétrons en pays d'Olt, frontière géologique et climatique du Rouergue où le bovin, plus tout à fait d'Aubrac bien qu'y étant encore, paît dans des champs à peine plus grands que des jardins de ferme. Ici la vigne ne parle plus depuis le phylloxéra et l'émigration. Des tisserands qui firent la renommée de Saint-Geniez, on ne saurait trop dire, ni des tanneurs ni des meuniers du Lot, alors des chanvriers qui tissaient draps à domicile ! Vague ressemblance avec cet endroit des causses comtal, où nous allions souvent chercher des fossiles marins, vers Balsac surtout, pas très loin de Rodez. Des ammonites de toutes tailles ou des empreintes dans l'argile pétrifiée, trésor devant lequel un paysan éreinté de sa journée de fenaison, rendu méfiant par la présence d'une mer ancienne très au-dessus de sa maison, me dit un soir en terme de sentence : « On les y aura déposées. »

À moins d'un jet de pierre du hameau de Martillergue, le long du ruisseau de Cancels, des girolles de nouveau, complètement venues, cette fois, visibles de la route, que nous décidons d'emporter dans une poche de papier...

Longtemps rivale d'Espalion, Saint-Côme-d'Olt, où nous arrivons en tout début d'après-midi, présente toutes les caractéristiques de la cité médiévale qui, d'ordinaire, nous piège par ses réseaux de rues fraîches et les hautes façades de maisons où le pouvoir se jouait, dans les dernières années du XVIIe siècle, en actes de commerce sous le regard étonné du commandant de garnison. Chapelle des Pénitents Blancs, remparts, château des seigneurs de Castelnau, sur la grande place, des adolescents, garçons et filles, rient et chahutent. La patronne du café où nous sommes : « Non mais, regardez les donc faire leurs pies ! » Puis, comme pour elle-même : « Premier jour de vacances. Ça promet ! »

Traversée de l'Olt — ou Lot, selon les siècles et les parlers — par l'ancien pont de pierre qui marque la fin de l'Aubrac. Six kilomètres nous séparent d'Espalion où nous ferons étape dans moins de deux heures. Deux heures ? Pas si sûr. Fatigue accumulée ? Motivation moins forte ? À moins que ce ne soit cette chaleur si soudaine, les sacs se font de plus en plus lourds. Il est vrai qu'à Montgros nous les avons chargés en pots de confitures, mais c'était hier matin et la journée ne s'en est pas ressentie. Aujourd'hui le pas hésite, la tête n'y est pas, les heures passent sans que nous avancions vraiment. À Martillergue, déjà, après la cueillette des girolles, nous sommes restés allongés, têtes sur les sacs, assez longtemps pour que l'assoupissement nous désarme un peu plus. Même les mots se montrent à présent avares. Ne restent que ces ombres filiformes, tressautantes, tragiques comme certaines sculptures de Giacometti, sortes de chiens battus précédant leur maître avec la ferme intention de le quitter à la première occasion venue.

De nouveau les sous-bois et les bosses, fougères pectinées, alliaires, orties dénoncent l'humidité du sol. Pause dans une clairière de chênes et châtaigniers, près d'une source dont le nom seul suffit à confirmer l'authenticité du chemin : Font-del-Romieus. La fontaine des Roumieus (pèlerins). Chaque arrêt reçoit ses lignes sur les carnets de route. Plus nous approchons du but et plus notre besoin d'écrire s'avive. Désir de noter, de s'approprier le temps, de le consigner, une fois pour toutes dans les mots. Peur d'oublier ? Sait-on jamais ?

Corniche en surplomb du Lot, traversée d'une hêtraie avec, comme chaque fois sous ces arbres, l'impression de visiter une cathédrale gothique. Grattes de garennes, terriers de renards mais jamais de vision franche d'animaux, les sangliers, peut-être les chevreuils, ne devraient pourtant pas manquer sur un terrain aussi accidenté et riche en nourriture.

Il y a maintenant trop d'années que je marche pour me souvenir de ce premier pas qui dut se faire entre table et buffet, rue de Paris à Rennes. Ignorant la date où cela survint, je penche pour un jour d'automne finissant alors que, rassurés par les accords de Munich, mes parents faisaient des projets d'avenir. Sans doute mes aînés, frère et sœur, étaient-ils sortis, et m'avait-on laissé à mes jouets sur l'un de ces couvre-lits épais, recouvert de satinette, comme chaque foyer en possédait alors. N'ayant rien d'exceptionnelle, quoique considérée précoce, cette prouesse qui me libérait pour toujours du monde rampant ne donna lieu à aucune de ces simagrées dont on entoure aujourd'hui les rites de passage chez l'enfant. Le constat établi, tout au plus me changea-t-on de chaussures. Depuis je vais dans la règle commune du pas, piéton tour à tour promeneur, marcheur, randonneur, déambulant ou cheminant, persuadé qu'en fin de compte la vérité — si tant est qu'il y en ait une — relève forcément de la quête, donc du voyage «chemin à parcourir». J'avance vers ce je-ne-sais-trop-quoi où m'attend un nomade qui parfois me ressemble.

Dans l'église de Perse, où nous arrivons passé seize heures, on s'affaire à préparer le concert qui sera donné le soir même. Chaises, bancs vont et viennent, tandis que les micros changent vingt fois de place en fonction de l'avis de celui qui parle. Notre arrivée n'a surpris personne, tout au plus nous demande-t-on de nous reculer un peu, d'abandonner un siège. J'aime ces ambiances un peu nerveuses où la théorie, le supposé, les hypothèses, cèdent le pas au concret. Dans moins de cinq heures Mozart prendra possession de ces voûtes. L'assistance recueillie laissera ses yeux courir sur les chapiteaux, dans le chœur, sur les murs maçonnés en l'an mille, sans la moindre pensée pour ceux qui, sous nos yeux, apprivoisent l'espace en faisant crisser le bois sur le sol en granit. Saint-Hilarion-de-Perse possède un tympan historié très proche par l'esprit de celui de Conques. Sentiment renforcé par la présence de grès rose pour une part importante du bâtiment. L'une des plus belles églises qu'il nous ait été donné de voir depuis notre départ, des plus touchantes aussi avec son cimetière accolé et son clocher à peigne. Le calme revenu on rit, là-bas dans le chœur, en s'essuyant le front, satisfait et le faisant savoir aux autres à voix presque basse. Tout est en place. Seuls les musiciens — un quatuor — se font attendre. « Vous cherchez où dormir ? » La femme blonde qui l'instant précédent dirigeait, non sans autorité, les travaux s'inquiète de notre laisser-aller. « Au terrain de camping il y a des tentes réservées aux pèlerins. Un hôtel ? Attendez donc. Oui, un deux étoiles, pas mal du tout, mais ils ne vous prendront peut-être pas. » (Dans quel état sommes-nous donc ?) Trompé par la pénombre un homme trébuche dans les marches. « Excusez-moi, voilà mes artistes qui arrivent. » En fait il ne s'agit que de l'avant-garde ; un grand garçon enveloppé, des épaules de lutteur, portant lunettes, avec un visage d'enfant rêveur comme assez souvent chez les joufflus. Présentations des bénévoles qui se figent en légères inclinaisons le temps que les mains se serrent. Deux autres musiciens arrivent. On attend le dernier. Tous sont de Rodez.

Rassurés, les bénévoles s'éclipsent. La femme revient vers nous. « J'ai ce qu'il vous faut. Chez Ferrié, dans la rue droite. Vous verrez, c'est facile à trouver et vous y serez bien. » Nous remercions, reprenons nos sacs. Pas d'engagement pour le concert, à moins que, sait-on jamais, mais peu probable. Nous sortons de la petite église quand retentissent les premières notes d'une sérénade...

... À Nohant, chez George Sand, lors du festival des Romantiques, Philippe Entremont répète son programme du soir tout en parlant du Berry avec un couple de touristes. Sur la scène, des enfants s'amusent avec le rideau, des chaises, lui continue de jouer, étranger, souverain, ailleurs déjà, bien que parmi nous. Pas certain d'avoir éprouvé la même émotion lors du concert qui me sembla plus convenu. D'autres festivals suivirent, toujours à Nohant, sans que jamais nous ne retrouvions cette sensation trouble et voluptueuse d'avoir vécu l'intraduisible. Jamais. Sinon ce soir mourant de juin lorsque, assis sous les cèdres, plantés dans les années 1820, nous vîmes, alors que résonnaient dans le parc les accords de la *Polonaise héroïque* de Chopin, s'éclairer et s'éteindre une à une toutes les pièces de l'étage. Non pas cette clarté franche et crue de l'électricité qui lamine ombres et contours, juste le halo doré de la torche ou du chandelier. L'heure était tardive. Le concert achevé on refermait la grange, les écuries, comme on allait fermer le parc où nous n'étions pas plus de dix, tous témoins de cette scène extraordinaire qui, pendant quelques secondes, avait régénéré la vie supposée de cette demeure, à la manière des débris d'astres que nous voulons étoiles filantes. Nous n'étions certes pas plus de dix mais le danger demeurait grand que l'un de nous rompît le charme par un mot, une phrase ou pire, le ricanement. À l'appel du gardien il y eut des froissements d'arbres, des pas sur le gravier, ni aveu ni question, pas même de salut. Tous sortirent en silence.

Rue droite à Espalion, une glace de magasin nous renvoie sans ménagement l'image de deux chemineaux tannés, couverts de poussière, deux dépenaillés devant lesquels nous éclatons de rire. Gisèle revenant en arrière pour se voir une fois encore dans le rôle. *Sur ma route est venu s'asseoir / Un malheureux vêtu de noir / Qui me ressemblait comme un frère.* Puis chantant. *Du temps où j'étais écolier / Je restais un soir à veiller / Dans notre salle solitaire…* Le moral revient à mesure que le but approche.

« T'as pas cent balles ? » Celui-là avec ses tatouages de biceps, le chapeau de cuir africain, joue les vrais de vrais. Ne s'est d'ailleurs pas trompé sur notre compte pour nous taper de la sorte. Lui donne le moins que rien qui traîne dans ma poche… « Vous faites le truc-là,… d'Espagne ? » « Si c'est de Saint-Jacques que tu veux parler, camarade, c'est oui ! » « Je me disais bien. » Nouveau fou rire au milieu des passants. Les nerfs lâchent la bonde.

Chez Ferrié nous logeons à l'annexe au bout d'une rue calme et vieillotte. Dans moins d'une heure, requinqués par la douche et les vêtements frais, nous échangerons à bâtons rompus avec les consommateurs du bar surpris par notre cueillette de girolles.

Lieu de franchissement obligé du Lot, Espalion fut, avec Saint-Côme et Estaing, l'une des étapes importantes de l'itinéraire du Puy. Si l'afflux de pèlerins enrichit le commerce, les brassages d'idées conduisirent les corporations à arracher l'affranchissement de la cité à l'autorité suzeraine. Cela se fit à la fin du XIIIe siècle alors que s'élevaient, sur les bases d'un ouvrage vétuste, les quatre arches du pont-octroi qui relie la rue droite à l'autre rive du fleuve. Assiégée, prise, rudoyée comme on s'en doute par les routiers, protestants et croquants, Espalion n'en continua pas moins de prospérer raisonnablement jusqu'à la première décennie de ce siècle lorsque, trahie par la défection du rail, elle sombra dans la léthargie où déjà ses quartiers anciens se consumaient.

Il n'est pas difficile d'imaginer, surtout vers le soir quand commerces fermés il ne reste que des piétons, ces pèlerins venus du Nord — ou y retournant — déambulant dans la rue droite, surtout dans sa partie basse, celle qui conduit aux maisons à galeries des tanneurs ou vers le château des gouverneurs, à moins que ce ne soit autour de l'une de ces églises qui les vit rendre grâces d'être sortis saufs de l'Aubrac ou du Pays basque aux terribles réputations. Balade sans autre cause que de voir venir la nuit. À l'église de Perse, le concert doit être bien entamé. Dans moins de deux heures les musiciens rouleront vers Rodez tandis que les bénévoles entasseront les chaises les unes sur les autres, rangeront les bancs le long des murs, avec les gestes de l'habitude. Éclats de fanfare dans une rue adjacente. Sans doute la retraite aux flambeaux de la Saint-Jean dont parlaient les gens au restaurant. Tournons en vain, la clique a disparu, volatilisée dans je ne sais quel inexplicable silence. L'échoppe de cordonnier par contre est bien telle que purent les décrire Guéhenno, Guilloux ou Giono, tous enfants du cuir et de l'alêne. Boutique aux carreaux graisseux, à l'intérieur pied-de-fonte, formes, marteaux, tire-point, tranchet; l'ársenal est au complet. Celui-ci fabrique sans doute encore sur mesure. Le cuir, les fils, clous et colle et vingt autres outils tous hautement spécialisés, et quarante types d'œillets sont eux à l'abri dans les tiroirs de la table de coupe, ou dans les cartons qui traînent. Cette échoppe ressemble trait pour trait à celle de notre voisin Preschoux, qui tenait boutique au rez-de-chaussée, juste en dessous de nous, et qui me faisait un peu peur, peut-être parce qu'il était âgé et ne parlait pas. Peut-être aussi pour l'entendre ainsi taper des journées entières sur des chaussures qui n'en demandaient pas tant. Un jour pourtant, ce taciturne m'offrit un étui de cuir pour mon pistolet Solido. Geste auquel je ne sus répondre qu'en pleurant d'émotion.

Le vieux pont de nouveau. Deux adolescentes jettent des cailloux dans le Lot et, penchées sur le parapet, déchiffrent je ne sais quelle prédiction dans la lente déformation des ondes. « Regarde... » « Oui. Tu as de la chance TOI. » Quelle réponse extirpée à quels signes obscurs venaient-elles de lire dans ce fragile oracle ? Et pourquoi ai-je alors associé ce rituel, dont les règles appartenaient encore à l'enfance, au souvenir de cette femme rencontrée le matin même près d'un four banal, dans le haut pays. Elle était venue, accompagnée de ses deux filles dont l'une enceinte — dès qu'elle m'avait vue poser mon sac, tourner autour de l'édifice, sortir mon appareil photo. La cinquantaine un peu sèche où travail et maternité laissaient des traces. Une de ces paysannes rugueuses, aux dehors effacés dont on devine au premier regard la mainmise sur les affaires de la maison et le destin des hommes. Celle-ci parla d'emblée. Dit que le four, d'usage communautaire, servait encore de temps en temps, lors de certaines fêtes, ou « à l'envie d'un de ceux d'ici ». L'ouvrage — gros moellons de schiste rose maçonnés à la glaise, toit de grosses lauzes, cheminée plus récente en brique — était de construction soignée. Sa date — 1654 — étonnante. J'en pris quelques photographies et m'apprêtais à poursuivre mon chemin lorsqu'elle déclara d'une voix un peu absente. « Ici, vous savez, on a beaucoup souffert. »

Pour avoir traqué la mémoire paysanne en d'autres circonstances, m'être soumis aux règles du non-dit, de l'allusion d'une parole par principe parcimonieuse à qui n'est pas du clan, je sus qu'il me fallait attendre... Qu'il y aurait une suite. Qu'à l'instant où ma femme flattait le chien bâtard venu nous rejoindre, les mots s'articulaient, concis, pesés au plus juste, dans la tête de notre interlocutrice. Des mots peut-être difficiles à prononcer, venus de loin mais toujours brûlants, ou au contraire trop neufs, pas encore apaisés, dépouillés d'images que l'on voudrait bannies, mais qui se ressassent, pour un oui, pour un non, avec les autres, ou pour soi-même parce que rien ne s'oublie, malgré les apparences.

Qu'avait-elle voulu dire au juste ? De quelle souffrance, en quelle époque ? Difficile de penser que ce soit de ces lointaines Compagnies routières qui ravagèrent à plusieurs reprises le pays. La famine qui, à la charnière des XVIIe et XVIIIe siècles, fit, en France, proportionnellement quatre fois plus de morts que la Première Guerre mondiale ? Peu probable. Encore qu'on nous en ait parlé en Margeride, et que le souvenir semble rester vivace de ces années de terrible dénuement où Fénelon, bravant les interdits, écrivit à Louis XIV... « Vos peuples, Sire, que vous devriez aimer comme vos enfants, et qui ont été jusqu'ici si passionnés pour vous, meurent de faim... Vous avez détruit la moitié des forces réelles du dedans de votre État pour faire et pour défendre de vaines conquêtes au dehors... La France entière n'est plus qu'un grand hôpital désolé et sans provisions », alors que l'intendant du Berry décrivait ainsi à Colbert l'état de sa province : « On déplore la mort de la plupart des laboureurs de tout âge. Le reste ne ressemble qu'à des cadavres qui tombent le long des haies et des chemins. Les enfants de quatre ans, auxquels les mères ne peuvent donner du pain, se nourrissent dans les prairies comme des moutons. » Est-ce de cela que veut parler cette femme lorsqu'elle dit :

« Ici on a beaucoup souffert » ? Les guerres ? Plus vraisemblable. À moins que ce ne soit la misère ordinaire, ce chancre qui suit les familles de génération en génération avec la fidélité du loup, s'attache aux villages, contraint des pays entiers à l'exil. Celle dont on ne mesure l'âpreté qu'ensuite, à la première rémission, au frisson du mieux-être, lorsque la hantise du manque et la peur du trimard se remisent tant soit peu. Quelle que soit la plainte, nous connaissions la voix. C'était celle de ce petit peuple dont nous sommes, avare de mots car trop souvent soumis à les taire, voix que nous aurions pu entendre sous d'autres cieux et comprendre jusque dans ses silences. S'agissait-il d'une plainte à proprement parler ? Je ne le crois pas. Tout au plus un constat contre lequel, déjà, la jeune République avait avancé le principe de solidarité comme seule réponse possible... « On a toujours pensé à faire la charité aux pauvres, et jamais à faire valoir les droits de l'homme pauvre sur la société. La Constitution doit, dès aujourd'hui, prévoir l'organisation de l'assistance, non par vertu compatissante, mais par devoir et justice. »

Pédagogie du vide, le silence nous enseigne plus que nous ne saurions le dire. J'attendais en regardant au loin, ailleurs qu'en ces visages, les bois marquant les crêtes du vallon où nous nous trouvions, l'ombre bleue des prairies, lorsque sortant de je ne sais quel songe, elle ajouta : « Et la terre se souvient... »

De quoi pouvait-elle bien se rappeler, cette terre, sinon de ses épousailles orageuses et violentes, jamais totalement satisfaites, souvent remises en cause, avec les hommes si peu enclins à la fidélité ? L'homme prédateur, égoïste et cupide qui, après l'avoir tant convoitée, s'en désintéressait chaque année davantage au nom de logiques inexplicables. Aurait-elle usé de ces griefs qu'elle aurait dû, aussitôt, se rappeler la longue malédiction qui s'attache à ceux-là, ballottés de guerre en exil, d'usine en mobilisation générale, de malaise agricole en plan de crise, de désertification en jachères. Et comment, par quelle amnésie profonde, aurait-elle pu abstraire de sa longue mémoire cette terre songeuse, les fêtes données en son honneur depuis des millénaires par ces amants fougueux ? Le sacrifice des bêtes, l'enfouissement d'offrandes, la bénédiction des prêtres, les corps enlacés, et ceux dont elle se nourrit depuis le premier jour ? De quoi, sinon de cette longue et déroutante passion, pouvaient se rappeler ces champs et chemins où nous demeurions en je ne sais quelle attente ? « Ici, vous savez, on a beaucoup souffert, et la terre se souvient. » Tout fut dit en cette simple phrase. Aucun de nous n'ajouta le mot qui aurait ruiné le sentiment d'appartenance qui nous unissait. Il nous fallait partir. C'est alors que j'évoquai l'enfant à naître. « Oui, dit-elle, ce sera une fille qui vivra, comme toutes les femmes aînées de la lignée, chez elle, dans la maison de ses aïeux. Ici ce sont les hommes qui viennent. Parfois d'assez loin. Et restent. Nous, nous demeurons. C'est ainsi depuis toujours. Oui. Pourquoi une fille ? Question de signes. » Quels signes ? Des signes à elle, tout simplement…

Jusqu'où ressemblaient-ils à ceux que guettent, non sans appréhension, ces deux adolescentes, sur le vieux pont d'Espalion ?

À peine couchée Gisèle s'endort, livre ouvert sur la poitrine, avec ce sourire de contentement qu'enfant elle avait déjà devant le photographe… La nuit peut s'avancer, faire rouler le livre, claquer les portes, grincer les lits, elle va, souffle apaisé dans un monde de connivences connu d'elle seule et pour lequel elle trouvera, demain, des mots étonnants. Sans doute garde-t-elle dans son sommeil cette démarche assurée, légèrement cambrée, de la jeune femme que je suivis un jour dans une ville cernée par des marais en crue… Comme chaque soir depuis Montbonnet je veille, bats la campagne, reviens à Saint-Chély chercher je ne sais quelle ombre oubliée ce matin. Et tout cela fait s'insurger le corps dans un lit rendu trop étroit par la chaleur de juin, jusqu'à ce que la nuit ordonne à ses chiens fous et que je sois, une fois encore, à Conques où le sommeil m'attend, patient comme une sentinelle.

… D'où que l'on vienne les routes se ressemblent. Étroites et tortueuses, interminables en leurs derniers instants, hostiles, surtout le soir en saison basse, ou lorsqu'il pleut. Vieux chemins de charroi tels que les dessina Pernot en 1834, hier aménagés, équarris, bitumés par convention au siècle mais néanmoins chemins dans la mémoire des lieux. Ce sont eux devenus routes, chaussées vicinales, départementales ou que sais-je qui livrent le pays. Sur les plateaux où la draille se lit encore, le chemin perdure, joue de son droit d'aînesse sur les hésitations de la voirie, s'affirme, lui qui, il n'y a pas si longtemps, courait, tout juste cadastré, de lieu-dit en hameau, libre comme l'est le sentier de crête vis-à-vis de la montagne. Rendue agressive par l'absence de terre, tranchée/tranchante, sommets déchiquetés par des sabres de schiste, la montagne de Conques en impose plus au voyageur par son air farouche que par de prétentieuses altitudes depuis longtemps égrenées dans le sable rouge des mers du secondaire. En fait, loin d'être aussi revêche qu'on pourrait le croire, elle offre cette sérénité distante commune à ceux qui, pénétrés de leurs droits, n'attendent rien des autres.

Cela suffit pour lui donner de la douceur à l'œil, même si le corps qui l'affronte y trouve à redire.

Désordre supposé du sommeil, je suis à présent dans la cité, vais par les ruelles dans l'odeur des glycines et des jardins fleuris, un instant escorté par le récitatif des tables de multiplication de l'unique école. Lorsque la rue est trop pentue, des marches la soulagent, elles-mêmes traversées de paliers. Il y en a ainsi quelques centaines dispersées dans le village auxquelles, un jour ou l'autre, nous avons eu affaire. Certaines de ces marches, vers les rues Charlemagne, de la Mounède ou Roudié, sont si usées que le pied s'y posant retrouve naturellement la trace millénaire des pas qui l'ont précédé. Bien entendu, cela n'a rien d'exceptionnel et toute ville ancienne peut se targuer d'autant sans atteindre à l'émotion que suscitèrent, dans la grotte de Pech-Merle, les marques fossilisées des pieds nus d'un très lointain ancêtre accompagnées de celles d'un enfant. Toujours est-il que pour être banale l'usure des pavés de Conques m'a toujours fait rêver. Que dire du chemin du diable, qui mène à la Capelette et à l'ancien domaine du forgeron, où les empreintes s'entendent si bien à raviner le schiste qu'à moins d'y prendre garde on s'y tord facilement la cheville ?

Je vais donc dans la ruelle où chaque matin je me coule selon un rituel intangible : celui du pain frais et de la tarte aux pruneaux chez les Portal. Viendront ensuite les mêmes pas éblouis dans le temps suspendu de l'abbatiale. Venue de l'est la lumière enflamme alors le calcaire du chœur, soulignant, mieux qu'à n'importe quel moment du jour, l'extraordinaire puissance des piliers soutenant, à la croisée du transept, le tambour de la coupole. Instant privilégié où le silence peuplé des chapiteaux m'émeut assez pour attendre, forme blanche qui sortira immanquablement de l'ombre, le frère Frédérick saluant « son athée qui vient aux nouvelles… » Les rues de nouveau où le village retrouve chaque matin son ordre de la veille, Alice dans son jardin, Jean et Zézé devant la galerie, et les autres dont les voix m'accompagnent jusqu'au bas du grand escalier de chêne des Bony. Bonheurs simples et fragiles qu'arrivé chez moi je consignerai à la hâte pour ce livre dont je me crois porteur, et qui ne verra sans doute jamais le jour. L'écrirais-je que cela n'aurait d'autre importance que d'arrêter un temps visité de moi seul. Un temps sans partage possible, partiellement accessible à quelques proches — le cercle des connétables dont parlait Gilles Fournel —, aussi impénétrable aux autres que peut l'être le sens profond du poème, le non-dit d'un aveu. Pourquoi mes rêves me conduisent-ils si souvent en ces lieux ? Et pourquoi toujours ce même matin d'été si chaud, et la voix grave de Mathurin Nicolas... « Conques, c'est là ! »

Les enfants qui jouaient le soir à pigeon vole, près d'un mouton ouvert sur le mur du boucher, sont à présent trop vieux pour bien me reconnaître. Ce sont eux, pourtant, qui me saluent avec l'accent et le geste dont usaient les parents. Comme ce sont bien les mêmes vieillards, sur les bancs de l'hospice, qui regardent passer le monde et ses esbroufes, sans autre attente que celle de l'Angélus. Nos vérités ne sont que des pas dans la cendre, une buée sur la vitre, quelques photos usées où l'on se reconnaît plutôt par habitude... Je suis dans la grange/galerie où Ségalat dessine *La Jeune Fille et la Mort* en écoutant, comme si souvent, le quatuor de Schubert. Et je sais qu'à ce moment précis de l'andante où la gravité de l'œuvre semble s'effacer devant la révolte solitaire d'une danse enjouée, il s'arrêtera une fois encore en hochant la tête, bouleversé comme on l'est devant certaines blessures. Si j'en avais le courage je lui dirais alors qu'en d'autres temps, un autre ami ne pouvait entendre ce passage sans éprouver une émotion semblable à la sienne. Mais je ne saurais avancer la moindre phrase au souvenir de la mort de celui-ci, un jour de juin où nous étions à Conques.

Dîner chez les Cannes à Sainte-Foy, sur la terrasse près des rosiers. Rires de Madeleine, la nuit s'avance dans le chant des grillons, le vol des chauves-souris, l'entêtement du chèvrefeuille à faire parler de lui. Nous sommes ici Bretons déracinés, renégats en puissance, en nos terres électives... Demain comme hier, comme l'an dernier ou l'an prochain, les rues de juin se montreront bruyantes, l'après-midi surtout, avec d'inévitables cohues lorsque sorties scolaires et troisième âge se rencontreront autour des distributeurs de cartes postales. En fait rien qui ne puisse troubler l'immuable, courroucer le Christ en gloire qui, de l'injure huguenote à la morgue des représentants de la Convention, en a vu suffisamment d'autres pour ne s'étonner de rien.

Un autre soir nous irons avec Gisèle et Jean par le chemin des vignes où, assis à contre-pente, nous croirons voir, à l'heure du brun, le village privé d'assises flotter sur le ravin de l'Ouche. Impressions maintes fois ressenties, surtout lorsque, s'élevant des bois de châtaigniers, une brume épaisse vient moutonner le long des Prémontrés, renforçant l'idée de vertige et la vision fantastique de cette masse de pierres libres d'amarrage. Une fois encore nous nous étonnerons de l'étonnant équilibre de l'abbatiale dont la surface limitée par l'espace restreint se trouve compensée par la surprenante élévation de la nef.

Lorsque, coupant par les allées caillouteuses des vignes, nous descendrons vers le village, Jean comparera, non sans raison, la vision qui nous est offerte à une toile de Louédin. Je saurai alors qu'aussi loin que j'aille, jamais je n'oublierai cette heure et l'image qui nous lie. À ce moment le cloître, soutenu le jour durant au-dessus du vide par d'énormes murs de soutènement — comme Venise dormant sur des millions d'arbres —, aura disparu, gommé par l'obscurité ou simplement posé au fond de la faille.

Puis viendront les dernières heures du dernier jour, l'ultime promenade du soir, celle où l'on échafaude l'avenir avec des mots inadéquats. Nous irons par les hauts avant de descendre sur le Dourdou, faire nos adieux au pont roman, à la montagne où nous ne distinguerons qu'à peine la chapelle Madeleine, rentrerons par la rue Charlemagne, l'abbatiale, l'enfilade de marches qui nous ramènera près de l'hôtel Sainte-Foy où, pour un peu, nous trouverons Zézé sur le pas de la porte. La nuit aura, peut-être, cette limpidité fragile que l'on rencontre couramment, quel que soit l'état de la lune, sur les causses. Vacillant minuit où le geai et l'effraie pourraient pareillement manifester leur trouble de n'être plus chez eux dans un monde aux ténèbres ambiguës. L'une de ces « nuits de jour » dont Jean aime à penser qu'elles offrent l'inavouable au braconnier et au poète, sinon aux couples adultères.

La suite appartiendra au règne du supposé. À l'illusion qui naît immanquablement de l'état de veille. Conques et les siens rejoindront la mythologie dont j'use pour vivre, traverser les jours gris de nuages ou de contrariétés, les heures où l'on croit devoir déposer les armes, renoncer, peut-être s'enfuir, ou simplement prier. Il y aura aussi la correspondance et ses attentes meublées, selon le vague à l'âme, par *les Chants d'Auvergne* de Cantaloube.

« Chers amis,

« Le beau temps s'est installé en maître malgré quelques pluies rafraîchissantes, trop courtes au gré des récoltants. La vigne est superbe, nous ne manquerons donc pas de vin au pays. La saison se poursuit, épuisante et dure mais payante cependant. Quand reviendrez-vous nous voir ? »

« Chers amis,

« Pas de nouvelles de Chambelland dont nous parlions à l'instant avec Da Silva qui m'en disait le même bien que toi. Maintenant sera-t-il véritablement intéressé ? As-tu commencé tes poèmes afférents ? Les Marin sont venus, fin octobre, ils avaient envie de me revoir. Nous avons flâné quelques bonnes journées comme nous l'avions fait ensemble. Mais que le temps passe vite, dites ! »

« Mon cher Jean,

« Vu Chambelland à Rennes. Se dit intéressé par le projet mais a quand même toussé devant tes dessins pour le moins expressifs ! Affaire à suivre bien que mes poèmes soient en rade. L'érotisme doit atteindre à l'excellence sous peine d'être ridicule. Je cale ! »

« Très chers amis,

« Il fait encore beau après beaucoup de pluie. Aujourd'hui le vent s'étant levé dans la nuit le ciel est brouillé, mais il fait chaud. Cependant ma galerie est fraîche et je tiens facilement la cadence. Le vin de Bertou est bon. Le rouge bien décanté et le blanc agréable. Le "Télème" à Pruines est toujours en place avec le Tanaka que nous avions admiré. Je n'y suis toutefois pas retourné. Rappelez-vous…

« P.-S. : Je supporte de plus en plus difficilement cette pagaille d'allées et venues, ces chalands qui passent sans motivation, accompagnés du cortège de leurs désagréments… »

« Cher vieux,

« Ta dernière lettre nous a foutu le spleen. Et si tu venais passer Noël en Bretagne ? Il y fait souvent beau et doux. La mer s'y montre admirable de langueur. Louédin n'est pas loin. Chambelland non plus. Nous pourrions facilement visiter l'un et l'autre. Tu pourrais de ton côté débaucher les Cannes, ce qui ne doit pas être très difficile... »

« Très chers vous deux,

« Non, il ne me sera pas possible de me rendre à cette aimable invitation, plongé comme je suis dans mes recherches sur "la bête », je ne peux me distraire d'aucune sorte. Déjà plus de cinquante pages ! Cet animal m'aura donné finalement autant de mal qu'à ses chasseurs : Duhamel, Denneval et Beauterne réunis. Suis plongé dans l'œuvre de l'abbé Pic, très documenté. J'ai une barbe immense et vis cloîtré... Mais que voulez-vous !...

« P.-S. : Ai pris note pour Ménatory en lointaine Lozère. On m'en avait déjà parlé. Je verrai donc mais vous avouerai-je que ce Gévaudan ne me met guère à l'aise. Alors, les livres, mon Dieu... »

« Mon cher Jean,

« Merci de tes bonnes nouvelles. Mon roman est fini, l'autre entamé. On me demande une adaptation théâtrale de la "chronique", ce qui n'est pas une mauvaise idée comme je l'avais d'abord cru. Donne-moi des nouvelles du pays, des petits riens, du tout venant, même crin-crin, si tu savais le bien que j'y puise. Même au ras des pâquerettes — surtout ! — la vie y prend une sacrée gueule et cela me conduit parmi vous… Embrasse les autres ! »

C'est ainsi que le temps passe, charriant dans un même élan l'essentiel et la broutille. C'est également ainsi que les projets s'égarent dans le fatras du quotidien sans que nous prenions, pour autant, l'exacte mesure de notre fragilité.

VIII

Golinhac

Les fleuves vont à la mer,
les routes à Compostelle.
Les chemins mènent aux hommes,
seuls les sentiers vers Dieu.

Michel C.,
Cartographie pour l'invisible.

« Déjeuner chez Ferrié avant de quitter la ville vers huit heures trente. Beau temps. » Difficile d'être plus concis. La main pourtant n'avait pas renoncé à noter ce que l'œil lui dictait, ni la mémoire de retenir. Étrange et soudaine rémission du désir d'accaparer les signes à moins de cinquante kilomètres du but. Comme si les dernières minutes de la quête revêtaient moins d'importance que sa première seconde !

Une reconstitution s'impose donc, l'ajout de quelques mots, une ou deux impressions, toujours présentes à l'esprit mais si fragiles qu'il vaut mieux les saisir, une fois pour toutes, avant qu'elles ne s'ensablent.

Dimanche 24 juin 1990. Il y a une semaine, jour pour jour, nous roulions vers Le Puy en compagnie de Zézé Cannes. À la sortie de Rodez, peint en lettres blanches sur un mur d'usine, cet avertissement formel « Jésus revient » et juste en dessous, en caractères jaune criard deux fois plus gros que les premiers… « Et toi Rimbaud ? » Ce matin il fait beau et déjà chaud malgré l'heure. Déjeuner dans la salle du café-restaurant Ferrié, à la table où nous dînions hier soir. Dans les vitres de la porte ouverte, l'épicière — qui nous dira pis que pendre des gens d'Aubrac — arrose les pavés devant chez elle en dessinant de grands huit, tandis que la boulangerie n'en finit pas de livrer la rue en ficelles, baguettes et fouaces. Les autres magasins resteront fermés, sinon la fleuriste et peut-être le photographe. La boutique de lingerie, elle, n'ouvrira que mardi à dix heures comme l'indique un carton où un enfant a gribouillé quelque chose ressemblant à des fleurs. Peut-être le même qui, hier, faisait des bulles de savon en soufflant dans une pipe en terre et se prénomme Elian.

Danielle Ferrié parle de son pays comme le premier soir à Montbonnet madame Dumas parlait du sien, tant il est vrai que les mots de l'amour se ressemblent pour celui qui les écoute. Caussenarde, sans doute n'aimerait-elle pas vivre ailleurs. Aubergiste ne pourrait-elle faire autre chose ? « Ou alors un travail où l'on reçoit les gens. J'aurais du mal à m'en passer. J'ai trop besoin de les voir… » De les aimer aussi sans doute. Pour le moment elle va et vient, s'inquiète de nous, remplit la corbeille de pain, ressert du café, aimable et gaie comme si nous ne l'avions pas fait lever bien tôt pour un dimanche. Parlons des marcheurs du G.R. 65. Se dit fascinée par cette façon de voyager, sac à dos le long des routes. En fait la plupart des randonneurs hébergent sous les tentes marabout mises à leur disposition par la municipalité au terrain de camping. Mais il y en a qui « montent vers la ville ». Des étrangers, surtout. Nos prédécesseurs venaient de Dresde. Le père, la mère et deux enfants. Allaient à Saint-Jacques, évidemment. Compte tenu des dates avancées, devraient se trouver du côté de Condom. Croiseraient peut-être alors, dans un jardin ou sous un porche, le regard confiant de Pierre Gabriel, poète de grave exigence... *Pays que je partage avec tous les vivants / J'ai retrouvé le poids des orages fertiles / Les vergers du matin bousculés par le vent / La promesse de l'orge et la paix de l'argile...* À moins qu'ils ne se soient arrêtés plusieurs jours à Conques, Moissac, ou Lectoure. Mais non. Ceux-là marchent ferme, exaucent peut-être un vœu. À moins qu'elle ne se soit trompée, Dresde est si lointaine, là-bas, sur l'Elbe... Je lui dis que chaque matin depuis notre départ ce sont des femmes comme elle qui nous accueillent, et que j'y vois le gage d'une journée heureuse. Elle rit croyant que je la plaisante. Gisèle sait bien que non.

Reprenons nos sacs en parlant de retour, d'arrêt plus long, de visite du musée Vaylet, de retrouvailles, ne serait-ce qu'un jour ou deux, pour l'écouter encore parler de son pays. Il n'est pas plus de huit heures et demie lorsque nous sortons de la ville. Sur son socle de basalte la forteresse des seigneurs de Calmont, épuisée par le temps et les batailles, libère des compagnies criardes de choucas, comme en d'autres temps elle vit se déployer d'orgueilleux gonfanons.

Voilà ce que j'aurais dû consigner dans mon carnet de route en lieu et place de cette pauvre ligne au laconisme déconcertant.

Boulevard de Guizard, rue Camille-Violand, de nouveau les marques rouges et blanches balafrent murs et poteaux, traversent par surprise un lotissement endormi, ricochent d'arbre en arbre, s'enfuient vers l'ouest. Simples traits horizontaux d'à peine douze centimètres de long sur trois de large, décelés à l'œil nu quelle qu'en soit la fréquence, parfois très loin devant, parfois le nez dessus, ce sont eux qui décident de tout, tellement crédibles que leur moindre défaut vous prend des allures de déroutes entendues.

Pas question pour autant de se perdre. Ici tout est tracé comme les vies bien assises, mais hier, avant qu'Aimery Picaud n'ait publié, en 1140, son *Codex Calixtinus*, premier guide authentique du pèlerin de Saint-Jacques, quelles signalisations ? Quels conseils d'orientation sinon ceux du « ville à ville » déjà utilisés pour se rendre à Rome ou à Jérusalem. Le chemin historique auquel nous tenons tant a donc tout lieu de ressembler aux ruisseaux qui font le fleuve. Le fait d'en connaître un n'annule en rien les autres.

Une fois encore l'émotion et les mots qui se cherchent ; Saint-Pierre-de-Bessuéjouls, minuscule église de grès rouge, contemporaine de Saint-Hilarion-de-Perse distante de cinq, six kilomètres, voisines donc et peut-être même cousines par les compagnons carriers, tailleurs de pierre, maçons, allant de l'une à l'autre. Si rien ne certifie la chose, rien non plus ne la condamne. Par contre les sculpteurs, eux, s'en tiennent forcément au chantier pour lequel ils étaient venus, ignorant l'autre comme toujours pour ne pas diluer leur savoir, s'imprégner malgré eux.

Sinistrée, reconstruite dans son état premier au XVIe siècle alors que le gothique s'apprête à céder le pas à la Renaissance, Saint-Pierre recèle sous le clocher, dans une tour carrée semblable à un donjon, une chapelle haute de tradition carolingienne. Colonnettes, colonnes à chapiteaux historiés, ainsi qu'un autel roman décoré d'entrelacs en façade, meublent sobrement cette pièce que l'on atteint par deux escaliers étroits aux marches usées, creusées par le long entêtement des galoches, socques et brodequins cloutés. Depuis plus de neuf siècles, venus de l'Europe entière, hommes et femmes gravissent ces degrés inégaux pour s'agenouiller, à même la dalle, devant les saints Michel et Gabriel, gravés l'un et l'autre de chaque côté de l'autel, comme avant eux s'agenouillèrent tant et tant de jacobites. Pour peu qu'ils soient seuls ceux-là portent la main, caressent les visages de pierre comme les autres touchaient le tombeau du saint de Santiago, pérennisant le geste de possession païenne sous le regard incrédule des centaures, atlantes et sirènes ornant des chapiteaux sans âge.

Difficile de se défaire de ce vallon boisé où nous demeurons seuls un long moment avant d'attaquer une série de bosses aussi raides que démoralisantes. Traversée d'un troupeau de vaches dans un champ très pentu. Les animaux regroupés sur un faux plat de haie, donnant du mufle dans nos sacs, nous poussent hors de la sente. Un chien arrive qui les mord aux pattes. Le troupeau s'énerve. Gisèle hésite, revient sur ses pas. Pour contourner l'obstacle nous gravissons une forte colline, puis un bois où nous retrouvons le sentier, exténués comme jamais en moins d'une heure de marche.

Hier, sur une route bornée, je me suis amusé à compter mes pas sur un kilomètre : mille quatre cent trente. Puis sur cent mètres : cent trente-huit. Chacun de ceux-ci avoisinait donc les soixante-dix centimètres. Sur le plat, bien sûr, car au moindre raidillon… Ce matin ni route ni borne, un sentier de crapahut où le caillou roule sans cesse sous le pied. L'étalonnage de la marche est un jeu connu de tous les randonneurs. Une façon de passer le temps, sorte de pause arithmétique dans une foule de pensées disparates, d'airs que l'on fredonne, d'histoires et de souvenirs. Ce matin, Bessuéjouls occupe l'esprit et la parole. Une parole ardente qui ne se suspend que devant la croix de talus ou de chemin, réduite d'un tiers car brisée à la base, maçonnée, incluse, dans le mur d'un jardin. Quel siècle ? « Selon certains elle serait de la fin seizième. Mais, je vous ai fait peur ! » C'est elle, petite femme endimanchée, menue comme une souris, lunettes à gros verres déformants, qui a parlé la première. Pour dire ce que sans doute son mari n'aurait pas manqué d'avancer, sinon ce trousseau de clés dont il ne sait que faire et qui disperse les mots à mesure qu'ils lui viennent. Retraités. Soixante-dix ans. Peut-être moins, mais fatigués. La femme surtout, trop pâle, trop frêle dans sa popeline. Lui, légèrement ventripotent, costume trois pièces — rubans multicolores à la boutonnière —, marche en tirant la jambe. Tous deux chapeautés, elle de noir, lui de bleu marine, et semblablement vêtus de gris comme s'il fallait que l'on pût leur accorder, d'emblée, le crédit qui s'attache aux marques visibles de la neutralité.

Vies de labeur acharné, commencées vraisemblablement à la ferme, terminées à l'usine où le mieux-être permet toujours de faire des choses à condition de regarder à tout. D'acheter ce terrain par exemple, d'accéder à la propriété d'une maison, modeste, certes, mais bien à soi, satisfaction que les parents n'avaient jamais connue. Une vie d'attente et de craintes. Lui, l'éternel fiancé, peut-être prisonnier cinq ans, à moins que ce ne fut la Cyrénaïque, le Tchad ou les maquis. Elle, plus tard de santé fragile, et des enfants dont ils ne comprirent pas toujours les colères, eux qui n'en connurent pas. Aujourd'hui ils sont là, près de nous, à regarder la croix comme s'ils la découvraient, merveilleux de complicité muette, un couple au sens profond du terme, cette osmose où le quotidien n'a plus tellement de prise.

Cette fois c'est l'homme qui parle. Dit que cette croix viendrait de Lozère. Pourquoi pas ? Ajoute que peu de gens la regardent, faute de la voir, pierre perdue parmi les autres. Eux vont à la messe. Chacun tient son missel dans la main gauche. Se sont habillés comme chaque dimanche. Resteront ainsi jusqu'au soir car il faut se tenir et les visites ne sont pas exclues. De quoi avons-nous l'air à leur côté ? D'où nous venons ? Où nous allons ?... « Mais alors vous êtes pèlerins ! » Avant que nous ayons eu le temps d'esquisser un début de réponse tous les deux se signent, lui prononçant des mots que ni l'un ni l'autre ne comprenons. Encouragements ? Conseils ? Improbable banalité... À moins que ce ne soit le mot de passe rituel, la charge confiée par délégation : « Priez pour nous à Compostelle. » Une poignée de mots, pas plus, et déjà ils s'éloignent vers la voiture qui les attend un peu plus loin, tandis que je demeure, interdit, sur le bord de la route.

Une fois de plus l'image que l'on m'offrait de moi-même feignait de me ressembler. Une fois encore le miroir se trompait. Et je me tus. Que fallait-il que je dise ou fasse ? Eux n'attendaient rien sinon, peut-être, l'appel des clochers d'Espalion. Tout était donc en ordre, conforme à ce que devait être un tel matin d'été, sinon, de nouveau, cette voix clandestine qui demandait « pourquoi ? ». Pourquoi ce signe, cette bénédiction qui m'adoubait pèlerin à mon corps défendant, moi dont la présence sur ce chemin tenait plus d'un choix culturel que de l'accomplissement métaphysique ? Moi qui ne croyais pas en Dieu ?... Et pourquoi ce trouble indéfinissable pour quelques mots, un geste, une croix dans un mur et, dans le fossé, le bruit de l'eau qui court ?

Voyager c'est accepter de se rendre vulnérable. Se mettre à la merci d'une rencontre d'une émotion, d'un signe. Si ma mémoire est bonne la parole qui revint entre nous concernait Gilles Baudry en son lointain monastère de Landévennec...

De loin cela ressemble vaguement à une redoute de plaine, l'une de ces fortifications perdues, comme il s'en trouve encore assez loin des frontières. Mais très vite fenêtres et toits démentent, corrigent l'austérité des murs trop longs, trop hauts, trop épais et sans doute trop rouges.

Quoique très délabré le bâtiment le plus ancien conserve belle allure. Ferme manoir, peut-être tombée par hasard dans l'héritage d'un hobereau du coin qui, méfiant de ce que livraient les routes, décida de murer ses portes à mesure que les murs de l'actuel quadrilatère s'élevaient. Après quoi, sûr d'être enfin chez lui, il put ouvrir toutes les ouvertures désirées sur cette cour carrée, à commencer par l'unique trouée des murs, l'entrée, haute autant que large à deux vantaux de bois plus épais que le plat d'une main. Arche sous laquelle passèrent tant de gerbières que le sol en demeure à jamais meurtri. D'autres portes encore, flanquées de guichets par où, sait-on jamais, le fusil put faire office car, à n'en pas douter, ceux qui vécurent ici eurent la querelle dans le sang et savaient, en conséquence, se tenir sur leurs gardes. Autrement quel plaisir auraient-ils eu de vivre ainsi cloîtrés, s'interdisant de voir les voisins les plus proches, les maisons du hameau, la colline et ce chemin qui va dans un pays si beau.

Ses vêtements sentent la sueur vieillie, odeur sèche, un peu acide qui, si nous n'étions dehors, pourrait lever le cœur. Jardinait en face lorsqu'il m'a vu entrer. Taille moyenne, mains calleuses, beaucoup de cheveux bruns, se dit retraité. Ne connaît pas l'histoire de cette maison mais m'entraîne néanmoins au fond de la cour, devant un appentis ruiné dont il ne subsiste, collée au mur, qu'une sorte de grosse cheminée. « C'était une forge, et ici, là, il y avait un travail à bestiaux que des brocanteurs ont emporté l'année dernière. »

Sur le linteau de porte d'un bâtiment remanié — étable ou bergerie ? — une date : 1913. Qu'est devenu celui qui fit graver ces quatre chiffres témoins de son aisance ? Son nom ne serait-il pas lui aussi buriné, rehaussé d'or, dans une autre pierre sur la place d'un village ? Mon jardinier ne sait pas. « Vous pourriez voir au monument aux morts d'Estaing. Mais il vous faudrait le nom, autrement... »

À Conques ils sont trente-huit à se ranger derrière le capitaine Guibert Louis, du soldat Anterrieux Jules au soldat Siquié Émile, en passant par Clot Joseph, Lassalle Élie, Pechoultres Henri, Rols Auguste, et ceux qui vont par deux, les Dalmont, Delouvrier, Joulia, Marcillac, Siquié et Rudelle. Sous cette cohorte qui occupe le plein du marbre, on a rajouté une petite plaque pour le capitaine aviateur Servières, disparu en Indochine.

Le jardinier, lui, ne sait pas ce qu'est devenu celui qui entreprit de moderniser la ferme, qui, peut-être, envisageait de raser les murs de fortification, d'ouvrir le camp retranché. Pourquoi pas ! Cela le jardinier ne peut pas le savoir puisque né bien après la première guerre. Venu ici pour la première fois à l'âge de neuf ans, en quarante et un, chez sa grand-mère de l'autre côté du hameau. Resté jusqu'en quarante-cinq. Revenu ensuite cinq ou six fois, l'été, avant son service militaire. Jamais vu d'hommes habiter cette ferme. Par contre des femmes, oui.

Deux vieilles. Enfin, vieilles… Avec une plus jeune un peu demeurée qui faisait des gestes obscènes et que les autres cachaient le plus possible. À l'entendre aucune n'était franchement commode et toutes leur faisaient peur, à lui et ses copains qui traînaient là, attirés par la forge. « Vous ne pouvez pas savoir combien cette odeur de corne brûlée nous grisait. Mais dès que les vieilles nous voyaient, la course, et quand elles en chopaient un, la mornifle assurée. À la fin c'était devenu un jeu. Mais des hommes, ici, non, vu que le forgeron et les journaliers venaient d'ailleurs. »

Le jardin qu'il tient à me montrer ne diffère pas de ceux que nous avons rencontrés jusqu'à ce jour Sinon la terre un peu plus rouge, les légumes sont les mêmes, les fleurs aussi et les plates-bandes n'échappent pas à la grande allée plus ou moins cailloutée d'éclats de brique qui les sépare en leur milieu. Ni cabane à outils, ni laurier-sauce, ni brouette ne manquent pour pérenniser cet espace clos de haies comme la ferme l'est de murs. Ici s'ébauche le règne d'une certaine sérénité : celle qui fait s'attendrir devant la croissance insolente des pois ou des oignons, s'étonner du pommé d'une salade.

Dans une casserole cabossée, deux gros insectes aux longs corps bruns casqués de noir velouté, mi-crabe fouisseur, mi-grillon, deux courtilières, meurent lentement. Difficile de trouver les mots capables de faire partager à cet homme le plaisir d'admirer ces insectes rares, car nocturnes et souterrains, et l'indignation devant le sort qui leur est réservé. Jusqu'à ce jour je n'en avais vu qu'à deux reprises. La première fois vers mes quatorze ans, la seconde il n'y a pas un mois chez Philippe, au moulin du Helfaut où, alors que nous découvrions ses aquarelles de Louisiane, un de ces beaux orthoptères, trahi par l'inclinaison d'un parterre, vint rouler sur la terrasse. Selon le jardinier, il n'est pas rare d'en trouver ici, surtout à cette époque de l'année. Se plaint des dégâts occasionnés : « Bouffent les racines des plantes, alors ! D'autant que chacune de ces bestioles est capable de creuser des kilomètres de galeries. Si ! Si ! Je dis bien des kilomètres. À ce train-là, vous pensez. »

Je lui demande de me les donner. « Pour quoi faire ? Les mettre dans votre sac ? Ou les laisser filer plus loin ? Taratata, à la casserole. D'ailleurs elles y sont déjà ! »

Dans le bois de châtaigniers où je rejoins ma femme, il y a des girolles. Moins grosses que celles d'hier, mais plus nombreuses.

« Guinness is good for you. » Il y a tout juste un mois le bateau de Galway nous débarquait à Inishmore dans le va-et-vient des cageots de fruits et légumes, fûts de bière, téléviseurs, machines à coudre, matelas, et, pour contrepartie de l'île, venant comme un reflux, quelques caisses de poissons frais, pas encore outragés par la glace. Le long de la jetée, en retrait du tohu-bohu, attendaient les loueurs de bed-and-breakfast, de bicyclettes, d'éventuels destinataires de colis, le facteur, deux ou trois femmes faisant des signes vers les passagers du pont, et cette affiche, « Guinness is good for you », incongrue pour qui se serait fait malmener par la traversée.

Ce jour-là, comme tous les jours depuis notre arrivée à Cork, l'Irlande perdait son âme sous un ciel méditerranéen. Pas un pub où la conversation ne vint traîner tôt ou tard sur cette absence inhabituelle de pluie, dangereuse pour le pays, néfaste au moral des hommes, tandis que, sur le Salmon Bridge de Galway, les passants observaient l'augmentation constante du nombre de saumons prisonniers d'une rivière trop basse pour accéder aux lacs du Connemara.

Si ma mémoire est bonne c'est Elian qui parla de rester coucher sur l'île. La journée se passa à marcher sur des plages gravillonneuses et visiter des forts de pierres sèches à peine discernables dans le formidable fouillis des murs d'enclos gardiens du peu de terre — venue par le bateau du continent, elle aussi, portée à dos d'homme et sans cesse à la merci du vent et de la pluie — des jardins et prairies de pâture. À peine si, sortis du port, nous rencontrâmes dix autochtones.

Le soir, près de la cale de halage, deux adolescentes se baignaient en poussant de hauts cris. L'une d'elles avait gardé son corsage…

Pourquoi ces images d'Aran, ici, dans ce bois où une compagnie de geais s'obstine à dénoncer notre présence à tout ce qui vit de craintes et de suspicions ? À cause d'Elian sans doute, Decazevillois de naissance, Rouergat dans l'âme, dont la seule présence me ramène immanquablement vers les terres du Haut-Ségala, ce pays de Conques où il m'arrive si souvent de croire que l'on m'attend.

Observé le nez dans l'herbe, le monde, c'est-à-dire les quelques centimètres carrés offerts à l'œil, a quelque chose d'effrayant. Moins peut-être pour la terre nue, même encombrée de brindilles, de morceaux de bois ou de roches, moins aussi pour la présence révélée du fourmi-lion tapi dans son piège, que par la végétation où le regard trébuche. Que dire de l'appréhension que peut causer l'exploration d'une touffe d'herbe, cet imbroglio de tiges croisées en tous sens, vertes en leur épanouissement, pâles et parfois blanches au ras du sol, là où l'insecte se heurte, contourne ou s'embusque ? Quelle forêt d'infinies complexités s'oppose alors à mes désirs d'expliquer l'univers en phrases péremptoires, rassurantes, certes, mais si puériles que la survenue dans ce fouillis organisé d'un mille-pattes ou d'une punaise brune me plonge immanquablement dans la plus grande perplexité. Devrais-je, me couchant sur le dos, abandonner mes craintes qu'un nid de chenilles processionnaires, suspendu à la branche d'un pin, m'interrogeait de nouveau, alors que, là où le ciel n'a plus de sens, des hommes dans un engin spatial deviseraient en contemplant la terre définitivement bleue. Nous vivons de tant d'incertitudes que je préfère ne pas me retourner, demeurer allongé sur le ventre, œil ouvert sur l'herbe et la mousse, abandonné aux bourdonnements de l'été. Lorsque nous reprenons la route je ne suis pas certain de n'avoir pas dormi.

En contrebas du chemin, la départementale s'anime. Nous approchons d'Estaing dont nous entendons les cloches. À Espalion aussi on doit, comme chaque dimanche depuis si longtemps, se retrouver entre amis, familles et connaissances. Peut-être achète-t-on des pâtisseries, boit-on l'apéritif aux terrasses en consultant la carte des menus. À moins que l'on ne rentre chez soi comme doit le faire en ce moment notre couple de ce matin. Ceux-là je les connais pour les avoir coudoyés un peu partout, regardés vivre, tellement semblables où que j'aille, que pour un peu j'y retrouverais l'ombre et les manies de mes parents. À peine rentrés chez eux, lui fera un tour de jardin pour constater une fois encore, car déjà venu à la pointe du jour, que tout va bien, arrêter des projets pour la semaine, peut-être choisir une salade, rien de plus car c'est dimanche et remuer la terre ferait saigner les plaies du Christ. Elle, sans ôter sa popeline, aura allumé le four, sorti le plat de terre du buffet, préparé le rôti, ouvert la porte au chat, redisposé des fleurs. Qui sait si, en fin de repas ou vers le soir, au hasard d'une phrase ou pour combler un vide, l'un d'entre eux n'évoquera pas cet autre couple croisé le matin, et qui marchait vers Compostelle ? Chimères, bien sûr, mais il faut bien rêver pour avancer le pas, suivre cette route qui m'éloigne d'eux dont je ne cesse de ressasser la rencontre, me répéter les mots et ce geste, ce signe de croix qui soudain me cloue sur place avec la violence présumée de la balle, du carreau d'arbalète. Pourquoi ?

Conques. Il y eut aussi cet automne humide et froid, ce séjour empreint d'un vague à l'âme que le temps à lui seul ne pouvait justifier. La saison touchait à sa fin. Nous pensions à cet octobre illuminé, quelques années plus tôt, sans pouvoir nous défaire d'une sorte de langueur que nos amis eux-mêmes affichaient sans raison. Cette année-là pourtant Ségalat se remit à peindre, à faire des projets. Madeleine et Jean Cannes évoquèrent un possible voyage en Bretagne. Alice, Berthou, le frère Frédérick et le père Roux étaient là, présents et chaleureux, et dans l'abbatiale les travaux allaient bon train. Tout était en belle place. Seule l'étincelle. Et pourtant que de nouveaux projets ! Que d'actes simples reportés d'un jour sur l'autre. Ce saut à Decazeville, par exemple. Une heure ou deux, pas plus, juste le temps pour nous de découvrir ces toiles anciennes dont Jean parlait à présent affranchi, libéré, comme s'il décidait d'un retour aux sources. C'est cette année-là que nous fîmes connaissance de Julie et Jean-Louis. Je me souviens aussi que le soir lorsque le temps le permettait nous lisions, Gisèle et moi, le plus souvent à voix haute, *les Vies minuscules* de Pierre Michon dans le jardin du cloître, près de la faille de l'Ouche, face au site de Bancarel. Nous rentrâmes avec comme seule éclaircie la certitude que

Jean renouait avec la peinture. Ce qui se confirma rapidement.

« 19 octobre 1984.

« Chers amis,

« J'ai bien reçu votre lettre et m'excuse de ne pas avoir répondu plus vite mais, vous le devinez, les derniers visiteurs, ajoutés à l'acharnement qui ne m'a pas quitté pour faire le point sur la peinture, m'ont poussé à remettre au lendemain avec l'espoir que je pourrais vous annoncer une victoire.

« Des résultats ont été obtenus. J'ai même peint sur toile. Ce n'est pas déplaisant quant à la couleur, mais la forme est fractionnée, cassée un peu partout. Cela est l'effet de cet irréductible doigt qui m'empêche d'obtenir de beaux passages. Alors je me rattrape avec des glacis et des traits, ce qui donne cet aspect coupé menu que je déplore. Si je pouvais m'en contenter !... »

À Estaing dont nous ne faisons qu'effleurer les quartiers ouest, on nous salue de signes de tête ou d'encouragements comme si nous faisions partie de cette compagnie qui, là encore mais c'est toujours dimanche, sort de la messe, traverse le pont d'où nous contemplons le château et les hautes façades des maisons longeant le Lot. Nouvelle halte au bord du fleuve, près de barques amarrées. Quinze kilomètres encore jusqu'à Golinhac. Dirais-je que l'Aveyron avec ses sommets de rien du tout, ses pauvres cinq cents mètres, se révèle plus redoutable, plus exténuant que la Haute-Loire et la Lozère réunies... Parler, chanter, raconter des histoires pour oublier que l'on marche, ou faire marcher, c'est selon. Gisèle se souvient des dimanches passés dans la boulangerie familiale, de repas interminables, tablées de quinze, vingt personnes avec ces étrangers, de vagues connaissances, retenus comme cousins. À présent il fait chaud, lourd, avec des relents d'orage quelque part devant nous, et elle parle de ce soldat allemand, premier de la cohorte qui, négligeant la porte ouverte sur l'été, entra dans la cuisine en passant par la fenêtre, chassant, menaçant de son arme parents et enfants pour manger, à même le plat, le repas préparé. Lorsqu'elle s'arrête je prends la relève, sachant que le silence ne vaut rien lorsque le bitume s'étire au-delà du raisonnable. Je lui redis, moi qui n'ai pas d'histoires, ou si peu qu'elle les sait déjà, je lui redis Giono. Et là, bien sûr, tout change. Fragments, rappels d'œuvres diverses, phrases dispersées, invitations au songe, à la rêverie jamais trop innocente, toujours à la merci de la plus extrême violence, Giono parle en tirant de temps à autre sur sa pipe ou se grattant l'oreille comme je l'ai vu faire en film, et tous écoutent en fermant les yeux tant les mots assemblés se font justes. « Le domaine du moulin de Pologne, si orgueilleux jadis, tomba entre les mains d'un homme que tout le monde appelait Monsieur Joseph. » En moins de deux lignes le drame à venir est exposé au lecteur. À lui de fuir ou de succomber. Et cette façon d'attaquer la détresse humaine dans *Un de Baumugnes*… « Je sentais que ça allait venir. Après boire, l'homme qui regarde la table et qui soupire, c'est qu'il va parler. Surtout de ces hommes qui sont seuls dans le monde. » Voilà ce que je dis à ma femme tout en marchant le long de ce Lot où les balises se révèlent si clairsemées que nous craignons un instant revenir vers la ville. Bien entendu Giono ne peut se résumer à si peu, même si aujourd'hui je n'ai envie que de fréquenter les personnages de bois brut de ce que l'on retient comme son « premier cycle », celui d'avant la Seconde Guerre mondiale. Époque du chemin du journalier, chemineau douteux, vagabond, utopistes en tout genre, hommes en rupture de ban si peu fréquentables qu'une fois croisés on ne les oublie plus. Et puis aussi son Virgile, *le Chant du monde*, *les Vraies Richesses* plutôt que l'excessive *Lettre aux paysans*, la *Trilogie de Pan* au lieu du cycle du Hussard. Tout cela bien sûr elle le sait, ma randonneuse, pour l'avoir entendu vingt fois, mais elle fait comme s'il n'en était rien et je sais à mon tour que tôt ou tard viendra la question de l'universalisme professé par l'auteur, de cette grâce annoncée dans l'homme, et que fatalement j'en viendrai à citer la préface des *Vraies Richesses*… « La joie de Jésus peut être personnelle. Elle peut appartenir à un seul homme, et il est sauvé. Il est en paix, il est en joie pour maintenant et pour toujours ; mais seul. Cette solitude de joie ne l'inquiète pas, au contraire : il est l'élu. Dans sa béatitude il traverse les batailles une rose à la main. »

Le reste m'appartiendra car il faut bien aussi se taire, écouter la cadence, s'inventer des repères, marcher en s'étonnant que les pieds soient si dociles que jamais l'on ne s'en inquiète bien que le moindre échauffement, l'ampoule, l'ongle rebelle, puissent conduire, dans l'heure, à toutes les capitulations. Je me tais mais demeure avec Giono, revisite, comme souvent lorsque je vais ainsi, l'extraordinaire fourmillement de *Que ma joie demeure*, emporté par le lyrisme torrentueux et macabre de la mort de Bobi. Non pas celle connue, publiée, l'attente toute de certitude de Joséphine. « Il reviendra, se dit-elle, j'en suis sûre, j'en suis sûre, j'en suis sûre », mais l'autre version, la fin prévue par l'auteur et écartée. Tellement plus forte…

Bobi mort. La foudre lui planta un arbre d'or dans les épaules. « Son cadavre sur le plateau. Calme revenu. Nuages dans le vent, acérés comme de petits cristaux de glace. Ciel nu large ouvert. Le jour. Solitude. Les oiseaux se rassemblent au-dessus du cadavre. Plus les mangeurs de graines de l'aire de Jourdan. Les mangeurs de viande. Corbeaux, pies, fauvettes, rossignols, coucous. Ils viennent de tous les cantons de ce pays : du fleuve, de la vallée, de la plaine, des roseaux, des vergers, des champs charrués, de la montagne où les hommes avaient chassé les biches, même des pays les plus lointains dont on n'avait pas parlé dans le livre. Ils tournent au-dessus du cadavre. Bobi est couché sur la terre. La nuit. Les oiseaux s'abattent dans l'herbe. Les renards s'approchent. De temps en temps, les oiseaux se soulèvent tous ensemble sur leurs ailes, s'envolent, tournoient en couvrant et découvrant les étoiles… »

Ce n'est que bien plus tard, lorsque tous se seront repus de l'homme, tous, y compris les rats, fourmis, terre, herbe et l'air lui-même, que Joséphine se souvenant de celui qui apporta la joie sur les plateaux, dira : « Je suis sûre qu'il reviendra, j'en suis sûre, j'en suis sûre. »

Pour atteindre le hameau de Montégut il faut traverser celui de La Rouquette. Chiens repus affalés, volailles éparses, portes et fenêtres ouvertes, voix : c'est dimanche, il fait chaud. Dans les prairies rarement plates le bétail prend la lisière terreuse des bois de châtaigniers comme lieux de somnolence. Raidillon sans nuance depuis longtemps prévu par l'étymologie. Il est bien rare en effet que tout ce qui commence par Mont, Haut, Puy, ne se trouve perché. Montégut n'échappe pas à la règle. Pas plus de cinq cents mètres pourtant, en lacet, avec paliers qui plus est, ce qui facilite quand même les choses, dénivelé de cent cinquante mètres à peine, broutille en quelque sorte mais l'orage charge les jambes.

Sinon quelques rares trouées offertes par les plateaux — deux ou trois tout au plus —, l'œil ici se heurte en permanence à l'arbre ou la pierre. Nous sommes en pays de creux, d'étranglements, de détours. Il en est ainsi depuis Saint-Chély-d'Aubrac et nous devrons atteindre les environs de Sénergues pour que les chemins de crête ouvrent enfin l'espace. Chemin historique bien sûr, une fois de plus, mais où exactement ? Là où nous nous trouvons ? Plus à gauche dans cette sorte de chemin creux à demi comblé par les arbres ? À droite ? Assurément de ce côté-ci du Lot, sur ce point au moins les choses sont entendues, mais certainement pas sur les hauteurs actuelles où les chevaux auraient miséré pour rien, sans parler des voitures et des équipages. Car il faut bien penser, sorti de l'imagerie sulpicienne, que tous les pèlerins n'allaient pas vers l'apôtre armés de leur seule foi et dépourvus du reste. Certes non ! Et l'histoire garde en mémoire les fastes de certains nobles ou fortunés qui gagnèrent la Galice en grande pompe, escortés de serviteurs et de moyens qui durent faire pâlir d'envie bien des hobereaux de province à peine plus riches que les paysans qui vivaient sur leurs terres. Ceux-là revinrent sans doute plus raides de prétention et de morgue qu'ils n'étaient partis. Qu'importe puisqu'ils étaient allés, avaient touché la pierre sacrée, côtoyé la foule cosmopolite qu'à quelques années ou siècles près, leurs aïeux saluaient d'accolade au siège de Damiette ou devant Gaza. C'est le souvenir de ceux-là, dont nous connaissons la grandeur dès qu'il s'agit de rois, de princes ou de papes, qui me fait douter de l'historicité du chemin tordu comme un lombric et large de trois coudées où nous nous trouvons. Bien entendu la grande masse piétonne, le petit peuple, les pousse-cailloux purent — d'autant que les bois d'alors devaient être tenus à une toute autre distance — atteindre Golinhac en passant par ici sans trop de soucis.

Ne dit-on pas que certains pèlerins partis du Puy atteignaient Compostelle en moins de quarante jours ? Ceux-là vous fendaient un pays en trois jours. Une province en deux semaines. Alors qu'importe le chemin pourvu qu'ils aillent. Ce qu'ils firent, poursuivant à leur insu la longue migration spirituelle commencée en d'autres temps à Louksor, Délos, Delphes, Jérusalem, Rome, les rives du Gange ou La Mecque, au bout de laquelle tous seraient appelés à renaître, tant il est vrai que la marche, comme le feu, sont symboles de résurrection. Que j'aimerais, à l'aide de cette capacité onirique d'explorer le temps héritée d'une enfance trop songeuse, rencontrer l'un de ces jacquets, ici, à l'ombre de ce chêne… Un homme de la fin du XVIe siècle par exemple, alors que la Réforme et l'esprit de la Renaissance font chanceler la foi primaire, et que haine et intolérance ravagent une fois de plus l'Europe. Que sait-il de tout cela, lui, le Martin qui chemine ? Vraisemblablement rien. Son quotidien est ailleurs. À mille lieues de Luther tonnant contre les indulgences, bonnes œuvres et pénitences. Plus éloigné, s'il se peut encore, des querelles scolastiques où s'embourbent théologiens et philosophes. Définitivement abstrait de ce monde nouveau annoncé, un siècle plus tôt, par Pic de La Mirandole dans son *Discours sur la dignité de l'homme*, il va, marche et vit comme un bœuf au joug. Sa foi, ses engagements ne sont pas à remettre en cause, il est du clan des charbonniers, de ceux qui croient sans jamais faillir, ses proches et son curé le savent qui l'ont encouragé à prendre le bourdon pour Saint-Jacques. Que j'aimerais le voir, l'écouter me parler de ses craintes, l'accompagner peut-être jusqu'à Conques, ce vaillant compagnon Suivre ses dévotions à Sainte-Foy et m'évanouir aux premiers coups de l'Angélus. D'ailleurs, dans ce fouillis de bouleaux et de ronces, là où le sentier s'obscurcit, n'est-ce pas lui qui me précède, s'éloigne, ignorant qu'à quelques années près ce chemin — comme tous ceux de pèlerinage — va entrer en torpeur pour plusieurs décennies. Juste le temps nécessaire aux hommes pour se rassasier de coups et de carnages.

Et puis, après le rêve, la légende, cette brèche ouverte sur l'histoire ou l'imaginaire croît si facilement. On dit que Nicolas Flamel, plus connu comme alchimiste que comme écrivain public — ce qu'il fut assez longtemps pourtant, dans le quartier Saint-Jacques-la-Boucherie —, se rendit, à la suite d'un rêve prémonitoire, à Compostelle. Partant de Paris il dut traverser Orléans et Tours, visiter Notre-Dame la Grande, Saint-Pierre et Sainte-Radegonde de Poitiers, sans oublier le baptistère Saint-Jean, descendre vers Saintes, Bordeaux, Sauveterre-de-Béarn où deux des itinéraires regroupaient leurs foules en vue du passage en Espagne. Pourquoi alors se serait-il rendu, comme on le prétend, à Saint-Bertrand-de-Comminges, situé au diable vauvert du col de Roncevaux ? Pour se pénétrer du souvenir d'Hérode Antipas et de sa femme Hérodiade, exilés par Caligula en ces lieux ? Interroger les mânes du Tétrarque de Galilée et de celle qui avait obtenu, par l'intermédiaire de la capiteuse Salomé, sa fille, la tête du Baptiste ? Chercher, dans les ruines de la ville romaine, le ou les secrets déterminants dans sa quête philosophale ?

Et d'ailleurs, se rendit-il vraiment à Saint-Bertrand ? Il se raconte tellement de choses sur cet homme qu'il est permis de douter d'un grand nombre d'entre elles. Toujours est-il qu'il atteignit Compostelle où un savant juif, à moins que ce ne fût un Maure ayant vécu en Égypte, connu sous le nom de maître

Canches, lui confia les secrets de la fabrication de l'or. C'est du moins ce que l'on dit le plus couramment, bien qu'il se trouve des esprits douteux pour avancer le contraire. Ceux-là ne mettent pas en cause la soudaine fortune d'un dénommé Flamel, qui revint effectivement de Galice avec sa *compostella* et s'enrichit tant et si bien qu'il put, par ses seuls deniers, reconstruire l'église Saint-Jacques de Paris et élever quelques hôpitaux ou maisons communes. Pas de doute sur la fortune, non, mais sur l'homme que certains n'auraient pas bien reconnu. De là à penser qu'il serait mort sur la route du retour — peut-être même à Burgos. Pourquoi cette ville ? — à moins qu'il ne se soit retiré dans un monastère aragonais effrayé par le secret recueilli. Reste que, le 22 mars 1418, on inhuma dans le cimetière de Cluny un homme que ses proches et voisins reconnaissaient comme Nicolas Flamel, écrivain public se disant alchimiste.

Hameaux de Falguières, de Massip. Demain à la même heure nous serons à Conques.

Lorsque nous nous étonnions de la patience dont il usait envers les badauds traînant dans sa galerie, Jean Ségalat répondait que, parfois, certains d'entre eux avaient « de ces petits éclairs sur l'art, qui, mon Dieu... ». Nul doute qu'une telle mansuétude fut exagérée et que les « éclairs », si tant est qu'il y en eût, durent toujours se compter sur les doigts d'une main. En fait il ne vendait pas, ou peu, sinon de l'insignifiant, du tout-venant. Ses dessins trop caustiques dérangeaient un public qui s'y reconnaissait sans peine. Car comment ne pas s'identifier peu ou prou à ces personnages tragiques croqués à même la rue, assignés à témoigner du divorce flagrant entre l'homme et son destin. Petit monde, petites vies, le pathétique chez ses personnages annihilait jusqu'au soupçon d'une quelconque récrimination, d'une rancœur. Lui se disait au-dessus des contingences matérielles, cultivant exagérément, nous semblait-il alors, le mythe romantique de l'artiste maudit parce que libre. Par certains côtés insaisissables, reportant sans cesse au lendemain la décision du jour, Jean Ségalat, écorché vif, s'imposait une relation masochiste vis-à-vis de son œuvre. Je le lui dis cette année-là en découvrant quelques dessins qu'il disait vouloir détruire. Sur l'instant il rit, trouvant la parade, l'amnistiant d'un jugement qui vraisemblablement le touchait. Plusieurs fois il revint sur mes paroles qu'il disait injustes, sans que nous puissions aborder les choses au fond. Mais un soir, alors que nous fermions la galerie, il m'entraîna devant les aquarelles et les huiles d'Enrique Marin qui occupaient les cimaises, et me dit. « Tu vois, quand on en est là, tout doit être plus facile. » Passage de courte durée, quelques jours grappillés au retour de je ne sais où, la halte nomade sous une chaleur d'Afrique comme souvent au cœur de l'été dans ce pays de creux. Je me souviens de nos hésitations quotidiennes à regagner les chambres, de discussions sans fin dans la salle du café du pont romain, des traînasseries de la rue Charlemagne où le moindre prétexte commandait l'arrêt. C'est l'un de ces soirs-là que, parlant de Michel Ciry, pour lequel il professait une vive admiration, et devant mes doutes de voir celui-ci venir à Conques lors de l'exposition de ses œuvres (exposition que bien sûr nous ne tarderions pas à organiser), Ségalat me déclara sur le ton professoral dont il aimait user parfois : « Pour avoir lu le journal de cet homme, je puis te dire que ce n'est pas un ermite. Ou alors, un ermite qui connaît l'heure des trains ! »

Nous nous quittâmes un matin d'orage, devant l'abbatiale hérissée d'échafaudages, après avoir pris une photographie où il se trouva, par la suite, une vague ressemblance avec Victor Hugo (ce qui, à bien regarder, n'était d'ailleurs pas faux). C'est cette année-là aussi que nous achetâmes la première gravure de Julie, intitulée *les Randonneuses*. Deux mois plus tard Ségalat partit à Venise avec les Cannes et se remit à peindre d'arrache-pied.

L'année suivante nous n'allâmes pas à Conques.

Golinhac est un très joli village perché sur une crête d'où le regard embrasse le Lot, l'Aubrac et le Cantal. Lors de notre arrivée nous n'y trouvons âme qui vive, sinon, comme unique gardienne, une femme âgée plus ou moins valide. C'est jour de tournoi de football. Nous pouvons nous y rendre. « À cette heure-là l'entrée est gratuite. Mais il faut descendre. » Nous proposerait-on de l'argent que nous ne ferions pas l'effort. Petit somme devant le gîte, puis nettoyage des girolles. Attente des clés et de la douche. Vingt-six kilomètres malcommodes, l'Aveyron confirme ses prétentions à malmener son monde.

Le restaurant est fermé le dimanche soir ! D'autant qu'avec le tournoi, vous pensez, nous n'arrivons déjà plus à tenir le bar. Me vendre du pain, du pâté, n'importe quoi… Je vais voir si j'ai ce qu'il vous faut. À ce moment passent deux religieuses. Vous êtes pèlerins ? D'où nous venons, où nous allons… Ah, ma sœur, des pèlerins ! ! ! Puis, s'adressant à l'aubergiste. Vous ne pouvez pas les laisser sans rien. Enfin. Vous connaissez la règle ! Je ne sais de quelle règle il s'agit et si l'argument est bien choisi, mais je sais depuis le premier mot que cette femme fera le nécessaire, qu'il n'a jamais été question de nous laisser sans rien. Son regard, ses gestes, l'attention qu'elle porte aux autres, tout dit sa bonté, et elle acquiesce en souriant aux religieuses qui s'en vont en nous faisant des signes. Pèlerins ?

Soupe, charcuterie, omelette aux girolles, rôti, fromages, fruits, café. Un banquet en tête à tête sur la terrasse. Dans le ciel il y a un petit avion blanc qui fait des acrobaties. Dans la salle, une foule d'hommes, bruyante comme sait l'être le compagnonnage de circonstance qui se voudrait viril et qui, en conséquence, parle fort, vide des verres en refaisant dix fois la stratégie des matchs. La plupart de ceux qui sont là ont gagné. Heureusement. Il y a aussi cet homme à la retraite, notable du coin, qui vient nous parler de l'avion, construit par deux jeunes agriculteurs voisins, et dans lequel il est allé, lui, alors que ceux d'ici hésitent. Il parle aussi de la chaleur, et de l'eau qui finira par manquer. De temps en temps il rejoint la salle, disparaît dans le groupe, mais cela ne dure pas longtemps et il revient sous prétexte de voir l'avion. De nous parler aussi, ou plutôt de parler de lui qui en a fait des choses… Il y a du Pagnol chez cet homme, une touche de Monsieur Brun. Gisèle éclate de rire à cette pensée.

Le prieuré bénédictin de Golinhac, dont il ne reste que les assises romanes, dépendait de Conques. À l'entrée du village une très belle croix de pierre avec petit pèlerin sculpté témoigne, s'il en était encore besoin, de l'historicité du chemin.

IX
Conques

> Si mes yeux se ferment ce soir
> quels souvenirs
> dois-je effacer
> de ma mémoire ?
>
> Pierre BOURGES,
> *Des pérégrins de Maguelone.*

Il y a des chats qui attendent, indécis, sur le bord des fenêtres. Des chiens à la chaîne qui aboieraient bien un peu, mais c'est l'heure de la soupe, et il y a tant d'étrangers qui passent. Seules les poules s'agitent, griffant dans tous les sens une terre cent fois fouillée et retournée. Bruits de volets contre les murs. Le village s'éveille. Nous partons.

Les chats… À trop les fréquenter j'en ai pris les manières. L'inverse n'est certainement pas vrai. Sinon en apparence. Parce qu'en ce qui concerne le fond, c'est moi l'apprivoisé. Ceux d'ici, lascifs et méfiants, me renvoient à Chatoune, blanche aux yeux pers, et à Noiraud qui nous attendent en Bretagne dans le souvenir du Gris et du Peuillu, chartreux en rupture de ban. Tous abandonnés ou fugueurs, ils s'imposèrent à nous à l'issue de sièges plus ou moins longs, de comédies, d'états d'urgence qui n'en étaient pas vraiment.

Galeux, blessé, rongé par la pelade, dépourvu de dents et déclaré sans âge par le vétérinaire, le Peuillu, que nous avions connu au temps de sa splendeur, lorsqu'il venait couvrir notre chatte, fut sans doute celui dont je me suis le plus occupé, le soignant tant et mieux qu'il retrouva peu ou prou l'apparence du prince qu'il avait été. Connivence ou gratitude, il élut domicile dans mon bureau où je savais le retrouver le soir, allongé sur les livres, pelotonné dans un fauteuil, ronronnant d'aise aux crépitements de la machine à écrire. Les enfants de la rue l'appelaient « le vieux père ».

Larges chemins d'exploitation encore humides de la pluie des jours précédents. Sur les bas-côtés, fougères et ronces montent à l'assaut des haies. Coquelicots, grandes marguerites, sureaux, aubépines, stellaires entérinent l'été en un glorieux désordre approuvé par le foin roulé en meules qui attend dans les prés. Chaque jour davantage, à mesure que nous piquons vers le sud, le blé clame sa reconquête des plateaux, escorté, de-ci de-là, par un peu de seigle. La plaine, elle, cultive l'orge, moindrement l'avoine, surtout le maïs que l'on arrose, déjà, à l'aide de jets tournants. Nous sommes de nouveau en pays de céréale, de vigne aussi. Encore que celle-ci soit, la plupart du temps, sur le déclin et toujours limitée à une production personnelle. De ces petits vins de pierre, lointains cousins de ceux de Marcillac, qui se boivent sans dommage au frais des celliers, dans les relents acides des lieux trop souvent clos.

Terre viticole dès les premiers temps de l'occupation romaine, le Rouergue a perdu, sous les coups répétés du phylloxéra, du chemin de fer et de l'ouverture des routes du Sud, ses anciens titres de noblesse. Trop souvent sous-estimés ou ignorés, réduits à des presque riens, les vignobles demeurent pourtant souvent riches d'agréables surprises. Entraygues, Estaing, Fel et Marcillac sont les plus connus mais, accrochées aux flancs des coteaux les mieux orientés, organisées en terrasses, sur des gradins pentus propres à donner le vertige, des vignes subsistent cultivées avec peut-être plus d'attention, car mieux aimées, que leurs nobles parentes des grands crus. Ici la main de l'homme s'attarde, porte les soins qu'aucun engin mécanique ne pourra jamais offrir. Ici la moindre taille, le moindre traitement supposent l'engagement physique préalable; et que dire de la restauration des murets, de la remontée des terres entraînées par l'orage. Tout ce labeur, cette sueur, et la douleur des membres endoloris par des postures malcommodes, pour qu'enfin ces paysans vignerons puissent, modernes Sisyphe en sursis d'obligations, boire, à l'ombre de la cabane de pierre sèche, un peu de vin de l'an passé.

À ceux qui trouveraient que manifestement le compte n'y est pas, que c'est là trop peu de chose au regard des efforts, nul doute que l'homme interpellé se contenterait de sourire et de tendre, à celui qui s'étonne, un verre de ce vin rustique auquel les plus vieux accordent un lot de vertus peut-être exagérées.

Comment pourrait-il en être autrement dans ce pays où la vigne fut très longtemps honorée, non pas après les vendanges, mais aux environs de la Pentecôte, lors de la plénitude des bourgeons, le jour de la Saint-Bourrou, divinité païenne qui dans l'imaginaire marquait le renouveau des sèves, la montée du printemps.

Dans moins de six heures nous serons à Conques.. À mesure que nous approchons une sorte de confusion s'installe dans mon esprit, quelque chose d'indéfinissable où la joie domine, bien sûr, mais une joie timide, embarrassée, mutilée plus exactement.

Le 25 février 1987, un peu après vingt et une heures, il y eut cet appel téléphonique de Madeleine Cannes, que dans un premier temps je ne reconnus pas bien. Voix qui disait des choses insensées, incompréhensibles, tellement invraisemblables… Jean Ségalat est mort d'une crise cardiaque ce matin. Ségalat. Oui. Jean. Ce matin.

Ce soir-là il neigeait sur la Bretagne. Une neige lourde de pluie qui ne tiendrait pas plus que la nuit. Je sortis le temps nécessaire à ce que le sang se calme, que les mots entendus s'ordonnent entre eux. Certes ce n'était pas le premier décès d'ami proche qui m'atteignait ainsi de plein fouet. Déjà Gilles en cet été quatre-vingt-un, et Armel, deux ans plus tard. Mort à laquelle jamais on ne pense vraiment en regardant les autres, parce qu'ils sont debout, ont notre âge — ou peu s'en faut — et surtout nous ressemblent. Morts subites, insoupçonnées car insoupçonnables chez des êtres quittés sur quelques projets, avec des rendez-vous notés, des obligations à se trouver là, tel jour à telle heure, sous peine de graves reproches. Morts d'embuscade. Sinon les plus terribles, du moins les plus cruelles dans l'abomination, puisque nous ôtant, d'entrée, tout temps de réflexion, toute idée d'irréversibilité que parfois accorde le cheminement de la maladie. À Auxerre, Pequena et Enrique Marin venaient d'être informés. Je ne sais ce que nous nous dîmes. Sans doute de ces mots simples et dérisoires, ponctués de promesses. Le surlendemain, jour des obsèques, Enrique serait à Madrid, moi à Paris.

Redoutables instants jamais apprivoisés où nos miroirs se brisent. Quelle parole est alors en mesure de contenir la peine ? Nous relûmes à voix haute la dernière lettre de Jean.

« … Beaucoup de nouveautés. Je ne recommencerai pas à Conques. Ou du moins pas sous la même forme. La saison a été très mauvaise, première fois depuis toujours. En octobre dernier, exposition à Rodez des peintres ayant obtenu le prix Cabrol. Sept peintres dont j'étais le dernier en date — en 1968. Toiles 54/56. J'ai accroché quatorze toiles dont certains grands formats. Gros effets. Très bonnes impressions. Le 12 décembre prochain, chez Marie-Hélène Bou, à Decazeville, nouvelle exposition, peintures inédites et récentes. Tout cela m'occupe pas mal. L'hôtel Sainte-Foy est vendu, les Cannes se retirent. Là aussi des projets. Mais nous reparlerons de toutes ces choses… »

Martine et Elian, qui se trouvaient alors à Decazeville, nous rapportèrent les journaux où de pleines pages d'hommages lui étaient décernées. Nous en plaisantâmes du bout des lèvres comme lui-même l'aurait fait de bon cœur. Une fois de plus la vérité devait se trouver ailleurs. Dans ce retour à la peinture par exemple, confirmé par une carte de vœux reçue quelques jours avant sa mort.

« L'exposition chez Bou est un succès. Tant mieux ! À bientôt ! À très bientôt j'espère. En attendant je vous embrasse. »

Qu'adviendrait-il désormais de l'œuvre de Jean Ségalat ? Quelle place prendrait-il, avec le temps, dans cette école de Paris dont il aimait se revendiquer ? Et puis, plus égoïstement, car c'est toujours de soi qu'il s'agit, à quoi ressembleraient les soirs d'été à Conques ? À Conques où nous ne retournerions peut-être plus. Ou de loin en loin. Et dans très longtemps.

Révolte puérile qui s'acheva quelques mois plus

tard devant le *Christ à la mine* de l'église de Decazeville. Une heure plus tôt nous nous étions arrêtés devant une tombe semblable à tant d'autres, dans le cimetière Saint-Roch. Qu'étions-nous venus chercher dans ce lieu sans âge où rien, jamais, ne nous parlerait de notre ami ? Je ne me souviens que d'un orage, de la pluie entraînant, dans les allées en pente, des pétales de fleurs et du sable rouge, je ne me souviens que de dalles de granit et de schiste, de tombeaux conséquents comme il s'en faisait au début de ce siècle, et d'un vide incommensurable. C'est alors que nous décidâmes de nous rendre à l'église, devant cette toile majeure de l'œuvre de Jean. Et c'est alors seulement que les routes du village s'ouvrirent de nouveau.

Le lendemain matin nous quittâmes Conques alors que la brume venue du Dourdou noyait la vallée, ne laissant émerger que les tours de l'abbatiale et le clocher. La veille au soir nous avions perpétué le rite en accomplissant la promenade des hauts en compagnie de Madeleine et Jean Cannes.

Ce fut, me semble-t-il, la dernière fois que nous vîmes le frère Frédérick.

À Espeyrac, le sentier vient buter sur une très ancienne croix de pierre, à quelques mètres du pont franchissant le ruisseau de la Daze. Assez longue pause à la terrasse d'un café. Les journaux parlent, à coups de titres racoleurs, de tensions au Moyen-Orient, Irak, Syrie et territoires occupés, de manifestations de viticulteurs dans le Midi, de querelles politiques. En fait, et quel que soit le journal, les informations sont traitées sur le même ton, sans analyse ni nuance, à l'aide de termes militaires, combat, guerre, coup de force, impact, cible, commando, logistique… Passe encore pour les états de guerre, mais les viticulteurs du Midi ! Depuis combien de temps n'avons-nous lu ou écouté de nouvelles ? Sentiment de rupture, de non-appartenance avec ce monde confus et superficiel où l'information et le fait divers sont traités sur le même mode. Découverte d'aptitudes insoupçonnées à la désocialisation.

Dans une revue un reportage sur l'Irlande nous ramène sur le lac Corrib où Elian aimerait tant, le soir presque à la nuit tombée, à l'heure où rentrent les dernières barques de pêcheurs, entendre, née du ventre des eaux, portée par le vent d'ouest roulant de Galway, ressusciter les plaintes de la Norma dans la voix de la Callas. Pulsion romantique comme parfois l'émotion nous en impose ? Désirs d'absolu ? Les crépuscules de juin dans le Connemara sont assez généreux d'espace et de cieux fous pour que l'âme trouve à s'y griser. Dirais-je, au risque de passer pour déraisonnable, qu'aujourd'hui encore, à quelque endroit où je me trouve, l'évocation du Corrib, de l'Irlande ou du village de Cong où nous séjournons si souvent suffit à éveiller en moi les premiers accords de l'opéra de Bellini... Amusant raccourci, à quelques kilomètres de Conques me voici transporté entre Mayo et Connemara, à Cong, dont le rayonnement fut longtemps lié à une importante abbaye romane, ruinée lors de la guerre d'indépendance, village où John Ford tourna *l'Homme tranquille* dans les années cinquante.

Désormais les villages et hameaux dont nous aimions tant déceler et approcher, parfois après de longs détours, les masses rassurantes peuvent se compter sur les doigts d'une main. Ceux de Vern et de Taulan, maisons de pierres rouges et brunes, toits de lauzes, portes à battants, sont traversés sans y rencontrer âme qui vive. L'heure est aux champs. À moins que ce ne soit jour de marché. Auquel cas, bien sûr…

Bitume, bitume, bitume. Les sentiers de terre sont rares ici. Les crêtes sont vicinalisées, les fonds trop resserrés, envahis de végétation, de bois escarpés qui ne laissent que peu de place aux chemins de champs. Versés dans les creux, abandonnés au bord des routes, des engins agricoles attendent on ne sait quel oubli des siècles. Faneuses, batteuses, faucheuses, charrues, herses, rouleaux, tombereaux, alambics, carcasses de voitures automobiles, rien ne manque à l'injure. À quand les tracteurs, machines à laver, réfrigérateurs. Sans doute s'en cache-t-il déjà quelques-uns sous les fougères ou dans les ronces, engloutis, invisibles mais présents. Pauvre nature souillée, humiliée, pourquoi tant d'offenses ?

Perdu dans ses pensées chacun de nous marche en silence. Il en est ainsi depuis ce matin. Seul le bâton de ma femme marque la cadence : toc, toc, toc… À quoi penses-tu, ma belle ? À ce retour de contrebandiers qui comble tes désirs ? À l'émotion qui t'étreindra en franchissant la porte de la Vinzelle ? Au premier regard porté sur l'abbatiale devant laquelle Madeleine nous photographiera ? À la difficulté de dire aux amis ce que furent ces jours de grand vent et de bonheurs complices ? À moins que tu n'aies succombé, une fois encore, aux mirages des souvenirs. À ces années du bel âge où le temps nous semblait taillable et corvéable à merci, et tellement léger que nous le tenions souvent pour négligeable. À quoi penses-tu, toi qui vas dans l'été brouillon du bas-côté des routes, escortée par cette voix qui n'en finit pas de reprendre comme un leitmotiv : « Conques, c'est là ! »

Que garderons-nous dans les années de ce voyage ? Que reste-t-il des autres ? Quelques émotions fortes, indestructibles, des images. Venise bien sûr, Delphes le soir à l'heure où la tholos s'embrase, le Kilimandjaro, Louxor, certains quartiers de Rome, de Vienne et d'Amsterdam. Fractions de lieux peut-être magnifiés par le temps, auxquels nous accordons trop d'importance, piégés que nous sommes par leur clinquant. Que deviennent dans cet inventaire les tombes étrusques de Toscane, les courses en Ubaye, un renard en maraude ou les larmes de cette veuve clamant dans une langue étrangère sa douleur d'être désormais seule face à l'immensité d'un lac où commençait la frontière. Apollinaire avait raison de dire que *les souvenirs sont cors de chasse / Dont meurt le bruit parmi le vent*, nos plus belles mémoires, et peut-être les plus vraies, sont celles qui naissent, non pas de la rencontre, mais de l'interprétation que nous en faisons. Trop tôt pour faire le tri dans ce que nous venons de vivre.

L'heure est à la pause, au répit, à la maturation. Passage obligé, c'est de ce calme, cet oubli partiel, que naîtra comme un regain le souvenir vrai. Celui qui, un jour ou l'autre, commandera l'autre départ.

Car nous repartirons, le fait est acquis comme une obligation. De nouveau le sac et le bâton, pour rien, pour voir, ou par urgence de posséder — du moins le croirons-nous — l'autre versant du chemin où nous attendent le Quercy, la Gascogne, l'Aquitaine d'Aliénor — Guyenne des Plantagenêts — et, plus loin encore, passé les Pyrénées, cette onduleuse Navarre, les plaines arides de Castille et de León, la Galice, enfin, avec, pour seule rémission, le souffle rauque de l'Océan. Combien de jours ? De centaines de kilomètres ? De milliers de pas ? D'abord rêver. Fuir comptes et calculs, éviter les certitudes, la trace organisée. La sauvegarde est à ce prix. Se dire que là où l'œil se perd et le sang s'affole, l'esprit invente des repères : ne pas s'arrêter, ni à Conques ni ailleurs.

Poursuivre, la voix l'ordonne. Soumettre l'espace et le temps ; marcher vers Santiago.

La Galice, oui, mais pourquoi pas l'Écosse, le Nebraska, la Corse, le Tassili ou ce Tanezrouft — désert des déserts — à moins que ce ne soit le souvenir de Stevenson dans les Cévennes. Tour de ceci, tour de cela, chemin, draille, sentier, multitude de possibles et si peu de temps pour s'y risquer. Lesquels s'imposeront ? Où serons-nous dans trois, cinq, dix ans ? Qu'importe, puisqu'à l'heure où l'étape se dessine d'autres désirs se mettent en place, muets, dans l'instant, à peine esquissés, sans doute, mais déjà présents, qui demain imposeront de prolonger, boussole relâchée, la quête.

Chaleur. Nous sommes au-dessus de Fontromieu. Ultime repas : fromage, tomates, saucisson sec, fruits, lait concentré avec l'eau d'un fond de gourde. Envie de vin. Souvenirs de vieux bordeaux. Arômes de chablis au cul du fût. Odeurs de caves. Rien ne manque à l'illusion, pas même le grincement de la clé sous les doigts du vigneron, le bruit du vin dans le verre, étincelles insignifiantes où la vie tient ses comptes.

Quelques notes sur le carnet de route… Lundi 26 juin. *Nouvelle halte. La dernière sans doute, en bordure d'une châtaigneraie. Dans une heure, passé le hameau de…*

Puis, allongés dans les fougères, têtes calées sur les sacs, nous sacrifions à la méridienne, cette sieste paysanne qu'en Bretagne on appelle « marienne » ou « marinnée ». Somnolence. Qu'est devenue la bande de dépenaillés, d'illuminés de Saint-Jacques, dans laquelle, me semble-t-il, je fus admis sur les versants d'Aubrac ? Où êtes-vous, braillards qui vous époumoniez entre cantiques et chants bordeliers ? Pourquoi tout ce silence ? Cette désertion froide ?

Compagnons qui me laissez si seul. Bien sûr les dés étaient pipés, je le savais d'avance. Jamais je ne serai confrère, admis au royaume de vos certitudes. Images fugaces. Désordre panique. Claudine et Hervé Glot dans la forêt des Preux. Souvenirs éclatés. Les marais de Redon en cet hiver sans date, et la présence de cette femme lisant sur une digue le *Romancero Gitan. Je la pris près de la rivière / Car je la croyais sans mari / Tandis qu'elle était adultère / Ce fut à Saint-Jacques, la nuit.* Somnolence encore. La nuit dernière j'ai rêvé de mon dernier instituteur. Celui de la classe du certificat d'études, le plus important aux yeux des parents qui, sans jamais trop lui adresser la parole, ne manquaient jamais de le saluer avec juste ce qu'il fallait de déférence. Eussent-ils autant de mérite, les autres instituteurs, bien que respectés et reconnus comme des êtres de savoir impressionnant, ne pouvaient rivaliser avec celui-ci, tenu pour responsable de la réussite ou de l'échec à cette redoutable épreuve imposée par la République à ses jeunes citoyens : le certif ! Il s'appelait Belan et demeurait dans le faubourg à deux portées de pierre de chez nous. Je le revois, petit homme chauve et taciturne, passer sous nos fenêtres derrière lesquelles mes parents le saluaient par habitude, et mieux encore dans cette salle de classe avec estrade et bureau noir. C'est là, en ce lieu clos comme un théâtre, sur cette scène de juste proportion, qu'avec une fougue jamais émoussée, il tenta des années durant d'inculquer à des élèves que guettait le métier du père le désir de la connaissance émancipatrice. Homme de foi sans partage dans le progrès laïc et républicain il ajoutait des préceptes connus de lui seul au programme jugé trop laxiste. C'est ainsi qu'en plus des vertus cent fois réaffirmées de la première République et des soldats de l'an II, il nous enseigna l'exemplarité du sacrifice chez Bayard,

Jeanne d'Arc ou Vercingétorix, héros que ne manquait jamais de rejoindre, par je ne sais quel aveuglement, le grand Ferré. Passionné de poésie romantique c'est également lui qui nous apprit *la Servante au grand cœur, l'Année terrible, la Mort du loup*.

Bien que ne partageant pas les mêmes opinions, mon père et lui se rencontraient de temps à autre, le plus souvent dans des réunions politiques contradictoires. Est-ce au retour de l'une de celles-ci ou en d'autres circonstances qu'un soir l'instituteur dit au typographe, à l'issue de je ne sais quel désaccord, que son fils n'avait guère de chance d'obtenir son certificat d'études, ce qui, envenimé par les ressentiments du Congrès de Tours et autres contentieux, fit un drame à la maison.

Drame en un acte, petite pièce tragi-comique dont je fus l'unique acteur avec ma mère dans le rôle du chœur antique modérant les excès du bras vengeur.

Quelques années plus tard j'eus l'occasion de fréquenter de nouveau l'enseignement de cet homme désormais retraité. Cours particuliers à son domicile, dans une pièce austère et sombre, salle à manger que nous traversions, patins aux pieds, avec un balancement de trappeur. Pas une fois il ne me raccompagna sans me parler d'auteurs et d'œuvres que je devais m'engager à découvrir, toutes affaires cessantes, sous peine de manquer l'un de ces irremplaçables rendez-vous que la littérature adresse à chacun d'entre nous.

Une autre fois, beaucoup plus tard, nous nous rencontrâmes à la pêche. J'avais alors à lui dire, peut-être à demi-mots car la parole n'est jamais aussi fluide qu'on le croit, à lui annoncer que sous d'autres formes son enseignement se poursuivait auprès d'une jeune femme, épouse et mère, qui, bien que prise en tenaille entre son emploi et les siens, trouvait le temps et l'infinie patience de combler les vides d'un savoir épars. Sans doute aurait-il trouvé à redire, histoire de bougonner un peu, tout en rendant hommage à cette Marcelle qu'il ne connaîtrait jamais. Sans doute. Plus sûrement se serait-il réjoui, mais je ne lui dis rien. Lorsque nous nous quittâmes, il me tendit un livre dont il venait de terminer la lecture, les *Souvenirs entomologiques* de Jean Henri Fabre, avec cette dernière phrase concernant la guerre qui s'achevait en Algérie : « Crois-tu donc que je vous avais éduqués pour ça ? »

Cher monsieur Belan qui m'avez si bien inculqué le goût des livres que je ne saurais m'en passer plus d'un jour sans me croire estropié, pourquoi faut-il que je pense à vous ici ? Vous dont j'ai depuis longtemps oublié le prénom et les manies, le sobriquet dont on vous gratifiait sûrement dans les récréations, vous voici, intrus mais vivant, sur ces chemins du Rouergue, jacquet à votre corps défendant — encore que vous en fussiez capable —, semblable à ce que vous étiez en 1951, courtaud, déjà vieilli car la vie n'épargne guère ceux qui la carambolent, petits gestes et voix de gorge. « Leçon de morale… Je vais vous lire une histoire… » À l'instant où vous ouvrez le livre j'ai quatorze ans. Le grand Ferré, sa terrible hache à la main, vient de s'adosser à un chêne. Ses ennemis, je le sens bien, hésitent… La vie peut commencer à dévorer les calendriers. Je suis prêt, moi aussi.

Les sacs, la route de nouveau. Passé Fontromieu nous entamerons une descente de plus de trois cents mètres. La dernière du voyage. Aujourd'hui donc, je possède une partie du chemin. Tout au moins dans ce que sa face visible m'en a révélé.

Le sens de cette marche, son choix, m'échappent toujours. La vérité m'oblige à dire que jamais je ne me suis senti pèlerin sur cette voie consacrée. Je la quitte aussi agnostique que je m y suis présenté. Peut-être un peu plus panthéiste. Et encore ? Regrets ? Certes non. La foi nécessite d'autres vertus et d'autres engagements que ceux de devoir marcher, même si, comme sur cette draille, il est difficile d'échapper à la réflexion mystique. Mais alors, ce désir de poursuivre, de suivre le chemin jusqu'en Galice ? Peut-être que la réponse est là-bas, qui sait ? À moins qu'elle soit plus proche, plus inattendue. Ou qu'il n'y en ait pas.

Reste Conques où nous serons dans les heures à venir. Conques la jolie. La tant aimée. Celle où pas une semaine ne se passe sans que j'y sois ramené, jeté au rivage, condamné à recommencer encore et encore le voyage. Comme si chaque départ, chaque séparation, entraînaient l'obligation formelle de revenir, Un jour prochain, peut-être, jours et mois entassés comme trésor de guerre, nous resterons ici, sans souci de calendriers, pour voir s'égrener la pierre, blanchir nos cheveux. Viendront alors les temps de la confrontation puis de l'accoutumance. Celui de la sérénité aussi.

Je voudrais vivre ici, dans le dépouillement d'interminables hivers, la longue attente de la parole, l'explication des signes.

TABLE

Petite Bibliothèque Payot / Voyageurs

Edward Abbey, Désert solitaire / **228**
John James Audubon, Journal du Missouri / **142**
Gérard Badou, L'énigme de la Vénus Hottentote / **446**
Nicolas Baïkov, Dans les collines de Mandchourie / **380**
Nicolas Baïkov, Des tigres et des hommes / **435**
Nigel Barley, Un anthropologue en déroute / **176**
Nigel Barley, Le retour de l'anthropologue / **267**
Nigel Barley, L'anthropologie n'est pas un sport dangereux / **365**
Nigel Barley, L'anthropologue mène l'enquête / **438**
Jean-Michel Barrault, *Le Sacre* et *La Pensée* / **282**
Sybille Bedford, Visite à Don Otavio / **102**
Nicole-Lise Bernheim, Chambres d'ailleurs / **363**
Nicole-Lise Bernheim, Saisons japonaises / **424**
Alain Blottière, L'oasis / **210**
Jean-Claude Bourlès, Retours à Conques / **242**
Jean-Claude Bourlès, Le grand chemin de Compostelle / **341**
Jean-Claude Bourlès, Une Bretagne intérieure / **404**
Jean-Claude Bourlès, Passants de Compostelle / **406**
Nicolas Bouvier, Chronique japonaise / **53**
Nicolas Bouvier, L'usage du monde / **100**
Nicolas Bouvier, Journal d'Aran et d'autres lieux / **155**
Rupert Brooke, Lettres d'Amérique / **433**
Bill Bryson, Motel Blues / **260**
Frank Bullen, La croisière du Cachalot / **147**
Robert Byron, Route d'Oxiane / **137**
Pino Cacucci, Poussières mexicaines / **307**
René Cagnat, La rumeur des steppes / **408**
B. Chovelon / C. Abbadie, La Chartreuse de Valldemosa / **412**
Jean Clair, Le voyageur égoïste / **364**
Jean Clausel, Indes / **372**
Jean-Luc Coatalem, Mission au Paraguay / **346**
Anita Conti, Géants des mers chaudes / **322**
Anita Conti, Racleurs d'océans / **339**
Anita Conti, L'océan, les bêtes et l'homme /**440**
Jules Crevaux, Le mendiant de l'Eldorado / **135**
Jules Crevaux, En radeau sur l'Orénoque / **193**

Petite Bibliothèque Payot

Guy Achard, La communication à Rome / **211**
Alfred Adler, Connaissance de l'homme / **26**
Alfred Adler, Le sens de la vie / **47**
Alfred Adler, Le tempérament nerveux / **84**
Alfred Adler, L'enfant difficile / **122**
Alfred Adler, L'éducation des enfants / **390**
Alfred Adler, L'enfant caractériel à l'école / **442**
Ernest Aeppli, Les rêves et leur interprétation / **64**
Giorgio Agamben, Enfance et histoire / **387**
Régis Airault, Fous de l'Inde / **437**
Franz Alexander, La médecine psychosomatique / **426**
Franz Alexander, Principes de psychanalyse / **444**
Alexandrian, Histoire de la philosophie occulte / **205**
Alexandrian, Histoire de la littérature érotique / **230**
René Alleau, De la nature des symboles / **319**
Anne Ancelin-Schutzenberger, Le psychodrame / **394**
Jacques André, Être médecin à Rome / **256**
Gérard Apfeldorfer, Je mange, donc je suis / **140**
Hannah Arendt, Politique et pensée / **289**
Jean-Paul Aron, Le mangeur du XIXe siècle / **8**
Paul-Laurent Assoun, Freud et la femme / **219**
Piera Aulagnier, Un interprète en quête de sens / **43**
Pierre Avril, Essais sur les partis politiques / **41**
David Bakan, Freud et la tradition mystique juive / **395**
Michael Balint, Le défaut fondamental / **44**
Michael Balint, Les voies de la régression / **383**
Ilse Barande, Ferenczi / **270**
Jean-Pierre Barou, L'œil pense / **283**
Blandine Barret-Kriegel, L'État et les esclaves / **4**
Charles Baudouin, L'œuvre de Jung / **133**
Jean Bayet, La religion romaine / **360**
Walter Benjamin, Charles Baudelaire / **39**
Pierre Benoit, Le langage de la maladie / **318**
Edmund Bergler, La névrose de base / **382**
Edmund Bergler, Les parents ne sont pas responsables des névroses de leurs enfants / **399**

Robert Löwie, Histoire de l'ethnologie classique / **49**
Georges Lukacs, Le roman historique / **388**
Margaret Mahler, Psychose infantile / **30**
Maine de Biran : la vie intérieure,
Textes choisis et présentés par Bruce Bégout / **237**
Bronislaw Malinowski,
La sexualité et sa répression dans les sociétés primitives / **28**
Bronislaw Malinowski, La vie sexuelle des sauvages / **378**
Bronislaw Malinowski,
Trois essais sur la vie sociale des primitifs / **413**
Thomas Mann, Goethe et Tolstoï / **366**
Jean Markale, La femme celte / **108**
Karl Marx, Misère de la philosophie,
Textes choisis et présentés par Jean Kessler / **294**
Henri Massé, Anthologie persane / **330**
Les Matérialistes au XVIIIe siècle,
Textes choisis et présentés par Jean-Claude Bourdin / **280**
Predrag Matvejevitch, Bréviaire méditerranéen / **251**
Annelise Maugue,
L'identité masculine en crise au tournant du siècle / **409**
Marcel Mauss, Manuel d'ethnographie / **13**
Gérard Mendel, Pour décoloniser l'enfant / **5**
Jack Messy, La personne âgée n'existe pas / **180**
Jacques Meunier, Le monocle de Joseph Conrad / **150**
A. de Mijolla / S. A. Shentoub,
Pour une psychanalyse de l'alcoolisme / **40**
Susana Millar, La psychologie du jeu / **432**
Pierre Milza, Voyage en Ritalie / **224**
Eugène Minkowski, La schizophrénie / **328**
Eugène Minkowski, Vers une cosmologie / **370**
Marie Moscovici, Il est arrivé quelque chose / **46**
Janine Mossuz-Lavau, Les lois de l'amour / **448**
Georges Mounin, La sémantique / **317**
J. D. Nasio,
Enseignement de 7 concepts cruciaux de la psychanalyse / **111**
J. D. Nasio, Cinq leçons sur la théorie de Jacques Lacan / **203**
J. D. Nasio, L'hystérie / **263**
J. D. Nasio, Le plaisir de lire Freud / **356**
J. D. Nasio, Le silence en psychanalyse / **400**

La Vision perspective (1435-1740),
Textes choisis et présentés par Philippe Hamou / **238**
Alan W. Watts, Le bouddhisme zen / **70**
Alan W. Watts, Éloge de l'insécurité / **449**
Arthur Weigall, Alexandre le Grand / **149**
Donald W. Winnicott, L'enfant et sa famille / **50**
Donald W. Winnicott, Fragment d'une analyse / **113**
Jean-Pierre Winter, Les errants de la chair / **396**
Marina Yaguello, Les mots et les femmes / **75**
Theodore Zeldin, Histoire des passions françaises :
tome I, Ambition et amour / **450,** tome II, Orgueil et intelligence / **451,** tome III, Goût et corruption / **452,** tome IV, Colère et politique / **453,** tome V, Anxiété et hypocrisie / **454**

Petite Bibliothèque Payot / Échecs

Assiac, Plaisir des échecs / **430**
Michel Benoit, Les échecs en trois jours / **215**
Bernard Cafferty, Les 100 meilleures parties de Spassky / **290**
Max Euwe / Walter Meiden, Maître contre amateur / **156**
Max Euwe / Walter Meiden, L'amateur devient maître / **216**
E. Goufeld / N. Kalinitchenko, Encyclopédie des ouvertures / **371**
A. Haïk / C. Fornasari, Les échecs spectaculaires / **347**
Alexandre Koblentz, L'école des échecs, I / **217**
Alexandre Kotov, L'école des échecs, II / **225**
Bent Larsen, Mes 50 meilleures parties d'échecs / **116**
Emanuel Lasker, Le bon sens aux échecs / **178**
Pierre Meinsohn, Les secrets des maîtres d'échecs / **296**
Aaron Nimzowitsch, Mon système I / **157**
Aaron Nimzowitsch, Mon système II / **158**
Aaron Nimzowitsch, Pratique de mon système / **261**
Ludek Pachman, Les ouvertures / **173**
G. Renaud/V. Kahn, L'art de faire mat / **323**
Richard Réti, Les idées modernes aux échecs / **315**
Richard Réti, Cours scientifique d'échecs / **336**
Michael Stean, Les échecs simples / **114**
Siegbert Tarrasch, Traité pratique du jeu d'échecs / **117**
Xavier Tartacover, Tartacover vous parle / **115**

Impression réalisée sur CAMERON par

BUSSIÈRE CAMEDAN IMPRIMERIES

GROUPE CPI

à Saint-Amand-Montrond (Cher)
pour le compte des Éditions Payot & Rivages
en février 2003

N° d'impression : 030441/1.
Dépôt légal : février 2002.
Imprimé en France